İtalyan Lezzetlerinin Güzelliği
Tatların ve Kokuların İtalya Serüveni

Alessia Rossi

İÇİNDEKİLER

Et suyunda erişte ekmek 8

Tirol ekmeği köfte 10

Yeşil fasulye ve sosis çorbası 13

Hindiba ve köfte çorbası 16

"evli" çorbası 18

Toskana balık çorbası 21

Parçalı balık çorbası 24

Deniz ürünleri, makarna ve fasulye çorbası 26

Domates Suyunda Midye ve İstiridye 30

Marinara sosu 32

Taze Domates Sosu 34

Domates Sosu, Sicilya Usulü 36

Toskana usulü domates sosu 38

Pizzaiola sosu 40

"Sahte" Et Sosu 42

pembe sos 45

Soğanlı Domates Sosu 47

Kavrulmuş domates sosu 49

Abruzzo tarzı yahni 51

Napoliten yahni 54

Sosis yahni 58

Yürüyüş tarzında Ragu 60

Toskana et sosu 63

Bologna'daki Ragu 67

Ördek yahni 70

Tavşan veya tavuk yahni 73

Porcini ve Et Yahni 76

Taze otlar ile domuz eti yahnisi 79

Yermantarlı Et Ragu 82

Tereyağı ve Adaçayı Sosu 86

kutsal yağ 87

Fontina Peynir Sosu 88

Beşamel sos 89

Sarımsaklı sos 91

yeşil sos 93

Sicilya Sarımsağı ve Kapari Sosu 95

Maydanoz ve yumurta sosu 97

Kırmızı biber ve domates sosu 100

Zeytin sosu 102

Güneşte Kurutulmuş Domates Sosu 103

Molise usulü biber sosu 104

Zeytinyağlı mayonez 106

Sarımsak, yağ ve acı biberli Linguini 109

Sarımsaklı ve Zeytinli Spagetti 111

Pestolu Linguini 113

Cevizli ince spagetti 116

Güneşte kurutulmuş domatesli Linguini 118

Biber, pecorino ve fesleğenli spagetti 120

Kabak, fesleğen ve yumurtalı penne 124

Bezelye ve Yumurtalı Makarna 127

Yeşil fasulye, domates ve fesleğenli Linguini 130

Patates ve Roka Kremalı Kulaklar 133

Makarna ve Patates 135

Karnabahar ve Peynirli Kabuklar 138

Karnabahar, Safran ve Kuş Üzümlü Makarna 140

Enginar ve Bezelyeli Pajaritas 143

Enginar ve Porcini ile Fettuccine 146

Patlıcan Yahni ile Rigatoni 150

Patlıcanlı Sicilya spagetti 153

Brokoli, domates, çam fıstığı ve kuru üzümlü küçük kuşlar 156

Sarımsaklı Yeşiller ve Patatesli Cavatelli 158

kabaklı linguine 161

Kavrulmuş sebzeli penne 163

Mantarlı, sarımsaklı ve biberiyeli penne … 167

Pancar ve sarımsaklı Linguini … 169

Pancarlı ve Yeşillikli Pajaritas … 171

Salatalı Makarna … 174

Közlenmiş domatesli düdük … 176

Patates, domates ve roka ile dirsekler … 179

Roma rustik tarzı linguini … 181

Bahar sebzeli ve sarımsaklı penne … 183

Kremalı ve Mantarlı Makarna "Arrossegada" … 185

Domatesli ve Mozzarellalı Roma Makarnası … 188

Ton balıklı ve domatesli düdük … 190

Sicilya pestolu Linguini … 192

"Çılgın" Pestolu Spagetti … 194

Çiğ Puttanesca Soslu Pajaritas … 196

Çiğ Sebzeli Makarna … 198

"Acele et" spagetti … 200

penne "kızgın" … 203

Ricotta ve domates soslu Rigatoni … 205

Kiraz domatesli ve ekmek kırıntılı küçük kuşlar … 207

Haşlanmış istiridye … 209

Nohutlu makarna … 211

Rigatoni Rigoletto … 213

Et suyunda erişte ekmek

Brodo'daki Passatelli

6 porsiyon yapar

Passatelli erişte*Kuru ekmek kırıntılarından ve rendelenmiş peynirden yapılan, çırpılmış yumurtalarla bir arada tutulan erişte benzeri hamur şeritleridir. Kütle, patates eziciye veya yiyecek öğütücüye benzer bir cihazdan doğrudan kaynayan et suyuna geçirilir. Bazı aşçılar hamura biraz taze rendelenmiş limon kabuğu rendesi ekler. Pastatelli en brou, bir zamanlar Emilia-Romagna'da geleneksel bir Pazar yemeğiydi ve ardından kızartma yapılırdı.*

8 ev yapımı bardak<u>Et suyu</u>veya<u>Tavuk çorbası</u>veya yarısı mağazadan satın alınan stok ve yarısı su karışımı

3 büyük yumurta

1 bardak taze rendelenmiş Parmigiano-Reggiano ve servis için daha fazlası

2 yemek kaşığı taze düz yapraklı maydanoz, çok ince doğranmış

1/4 çay kaşığı rendelenmiş hindistan cevizi

Yaklaşık 3/4 bardak kuru ekmek kırıntısı

1. Gerekirse et suyunu hazırlayın. Daha sonra geniş bir kapta yumurtaları birleşene kadar çırpın. Peyniri, maydanozu ve hindistan cevizini pürüzsüz hale gelinceye kadar ekleyin. Pürüzsüz, kalın bir macun oluşturmak için yeterli miktarda ekmek kırıntısı ekleyin.

2. Bunu yapmazsanız, stokları büyük bir tencerede kaynatın. Et suyunu tadın ve gerekirse baharatı ayarlayın.

3. Tencerenin üzerine geniş delikli bir bıçak, patates ezici veya büyük delikli süzgeçle donatılmış bir yiyecek değirmeni yerleştirin. Peynir karışımını öğütücüden veya süzgeçten geçirerek kaynayan et suyuna aktarın. 2 dakika kaynatın. Ateşten alın ve servis yapmadan önce 2 dakika dinlendirin. Ekstra peynirle sıcak servis yapın.

Tirol ekmeği köfte

Canederli

4 porsiyon yapar

Kuzey İtalya'da Avusturya sınırına yakın aşçılar, Emilia Romagna'da yapılan pasaj köftelerden tamamen farklı ekmek köfteleri hazırlıyor. Avusturya knödel'ine benzer şekilde canederli, salam (kaba öğütülmüş domuz etinden yapılan kuru bir sosis) veya mortadella (hindistan cevizi ve çoğunlukla bütün antep fıstığı ile tatlandırılmış çok ince öğütülmüş domuz etinden yapılan hassas bir sosis) ile tatlandırılmış kepekli veya çavdar ekmeği ile yapılır. Bir sıvı içinde kaynatılırlar, daha sonra stokta servis edilirler, ancak ketçap veya tereyağı sosuyla da iyi giderler.

8 ev yapımı bardakEt suyuveyaTavuk çorbasıveya yarısı mağazadan satın alınan stok ve yarısı su karışımı

4 su bardağı çekirdeksiz çavdar ekmeği veya bir günlük kepekli ekmek

1 bardak süt

2 yemek kaşığı tuzsuz tereyağı

1 1/2 su bardağı doğranmış soğan

3 ons salam, mortadella veya füme jambon, ince doğranmış

2 büyük yumurta, dövülmüş

2 yemek kaşığı doğranmış taze frenk soğanı veya taze düz yapraklı maydanoz

Tuz ve taze çekilmiş karabiber

Yaklaşık 1 su bardağı çok amaçlı un

1/2 bardak taze rendelenmiş Parmigiano-Reggiano

1. Gerekirse et suyunu hazırlayın. Daha sonra geniş bir kapta ekmeği ara sıra karıştırarak 30 dakika sütün içinde bekletin. Ekmek batmaya başlamalıdır.

2. Küçük bir tavada orta ateşte tereyağını eritin. Soğanı ekleyin ve sık sık karıştırarak altın rengi olana kadar yaklaşık 10 dakika pişirin.

3. Tava içeriğini ekmeğin üzerine kazıyın. Tadına göre et, yumurta, frenk soğanı veya maydanoz ve tuz ve karabiber ekleyin. Karışımın şeklini koruması için yeterli miktarda unu azar azar ekleyin. 10 dakika bekletin.

4. Ellerinizi soğuk suyla ıslatın. Karışımdan yaklaşık 1/4 bardak alın ve top haline getirin. Topu un içinde yuvarlayın. Hamur topunu bir parça mumlu kağıdın üzerine yerleştirin. Kalan karışımla tekrarlayın.

5. Büyük bir tencereye suyu kaynatın. Suyun kaynaması için ısıyı azaltın. Köftelerin yarısını veya tencerenin taşmaması için yeterli miktarda dikkatlice yerleştirin. 10 ila 15 dakika veya köfteler pişene kadar pişirin. Delikli bir kaşık kullanarak köfteleri bir tabağa aktarın. Kalan köfteleri de aynı şekilde pişirin.

6. Çorbayı servis etmeye hazır olduğunuzda et suyunu kısık ateşte ısıtın. Köfteleri ekleyin ve 5 dakika veya iyice ısınana kadar pişirin. Köfteleri et suyunda rendelenmiş peynirle birlikte servis edin.

Yeşil fasulye ve sosis çorbası

Fagiolini çorbası

4 porsiyon yapar

Çocukken bir yaz, New York'taki Long Island kıyılarında Viktorya döneminden kalma harika bir evi olan büyük teyzemi ziyaret ettim. Her gün, en az üç çeşit yemek bekleyen kocası için özenle hazırlanmış öğle ve akşam yemekleri pişiriyordu. Bu da yapacağım çorbalardan biriydi.

Bu çorba için risotto için kullandığım türden orta taneli pirinç kullanıyorum, çünkü evde genellikle bunu yemeyi tercih ederim, ancak uzun taneli pirinç de işe yarayacaktır.

2 yemek kaşığı zeytinyağı

1 orta boy soğan, doğranmış

1 kırmızı veya sarı dolmalık biber, doğranmış

3 İtalyan usulü domuz sosisi

2 büyük domates (soyulmuş, çekirdeği çıkarılmış ve doğranmış) veya 1 su bardağı konserve domates (doğranmış)

8 ons egzotik, kesilmiş ve küçük parçalar halinde kesilmiş

Bir tutam ezilmiş kırmızı biber

Sal

3 bardak su

1Arborio gibi 1/4 bardak orta taneli pirinç

1. Orta boy bir tencereye yağı dökün. Soğanı, dolmalık biberi ve sosisleri ekleyin ve ara sıra karıştırarak sebzeler yumuşayana ve sosisler hafifçe kızarana kadar yaklaşık 10 dakika pişirin.

2. Tatlandırmak için domatesleri, taze fasulyeleri, ezilmiş kırmızı biberi ve tuzu ekleyin. 3 su bardağı soğuk su ekleyip kaynatın. Isıyı düşürün ve 15 dakika pişirin.

3. Sosisleri bir tabağa aktarın. Sosisleri ince dilimler halinde kesin ve tencereye geri koyun.

4. Pirinci ekleyin ve pirinç yumuşayana kadar 15 ila 20 dakika daha pişirin. Sıcak olarak servis yapın.

Hindiba ve köfte çorbası

Zuppa di Scarola ve Polpettini

6 ila 8 porsiyon yapar

Bu, büyüdüğümde en sevdiğim çorbaydı, ancak onu sadece tatillerde ve özel günlerde yerdik. Hala dayanamıyorum ve bunu sık sık yapıyorum.

4 odacıklı ev yapımı galon Tavuk çorbası veya yarısı mağazadan satın alınan stok ve yarısı su karışımı

1 orta hindiba (yaklaşık 1 pound)

3 büyük havuç, doğranmış

köfteler

1 pound sığır eti veya kıyma

2 büyük yumurta, dövülmüş

1 1/2 su bardağı çok ince doğranmış soğan

1 bardak ekmek kırıntısı

1 bardak taze rendelenmiş Roman Pecorino, ayrıca servis için daha fazlası

1 çay kaşığı tuz

Tatmak için taze çekilmiş karabiber

1. Gerekirse et suyunu hazırlayın. Daha sonra hindibayı kesin ve çürük yaprakları atın. Sapın uçlarını kesin. Yaprakları ayırın ve özellikle toprağın biriktiği yaprakların orta kısımlarını soğuk suyla iyice yıkayın. Yaprakları istifleyin ve çapraz olarak 1 inçlik şeritler halinde kesin.

2. Büyük bir tencerede et suyunu, hindibayı ve havuçları birleştirin. Kaynamaya bırakın ve 30 dakika pişirin.

3. Bu arada köfteleri hazırlayın: Köfte malzemelerinin tamamını geniş bir kapta karıştırın. Ellerinizi (veya küçük bir kaşık aparatını) kullanarak karışımı küçük üzüm büyüklüğünde minik toplar haline getirin ve bunları bir tabağa veya tepsiye yerleştirin.

4. Sebzeler hazır olduğunda köfteleri teker teker çorbaya yavaşça koyun. Köfteler iyice pişene kadar, yaklaşık 20 dakika kısık ateşte pişirin. Saunayı test edin ve ayarlayın. Üzerine rendelenmiş Roman Pecorino serperek sıcak servis yapın.

"evli" çorbası

Çorba Maritata

10 ila 12 porsiyon yapar

Pek çok kişi bu Napoliten çorbasının adını düğün ziyafetlerinde servis edilmesinden aldığını varsayar, ancak aslında "evli", ana malzemeler olan çeşitli et ve sebzelerin tatlarının birleşimini ifade eder. Bu çok eski bir tarif; bir zamanlar insanların her gün, bulabildikleri et ve sebze parçalarını ekleyerek yedikleri bir yemek. Soğuk bir günde daha tatmin edici bir yemek düşünemesem de bugün bu yemek eski moda kabul ediliyor.

Aşağıdaki sebzelerin yerine pazı, hindiba, karalahana veya Brüksel lahanası da kullanılabilir. Soppressata yerine Cenova veya başka bir İtalyan usulü salam veya prosciutto için jambon kemiğini deneyin. En iyi lezzet için çorbayı servis yapmadan bir gün önce hazırlayın.

Etli 1 kiloluk domuz pirzolası (ülke usulü domuz pirzolası)

1 prosciutto kemiği (isteğe bağlı)

2 orta boy havuç, doğranmış

2 adet kereviz kaburgası, yapraklarıyla birlikte

1 orta boy soğan

1 pound İtalyan domuz sosisi

1 kalın dilim ithal İtalyan jambonu (yaklaşık 4 ons)

1 4 onsluk soppressata parçası

Bir tutam ezilmiş kırmızı biber

1 1/2 pound (1 küçük baş) hindiba, kesilmiş

1 pound (1 orta boy demet) brokoli rabe, kesilmiş

1 pound (küçük bir kafanın yaklaşık yarısı) lahana, şeritler halinde kesilmiş

8 ons brokoli, çiçeklere bölünmüş (yaklaşık 2 bardak)

Taze rendelenmiş Parmigiano-Reggiano

1. Büyük bir tencerede 5 litre suyu kaynatın. Domuz pirzolasını, kullanıyorsanız prosciutto kemiğini, havuç, kereviz ve soğanı ekleyin. Isıyı en aza indirin ve orta ateşte 30 dakika pişirin.

2. Yüzeye çıkan köpüğü alın. Sosis, prosciutto, soppressata ve ezilmiş kırmızı biberi ekleyin. Domuz pirzolaları yumuşayana kadar yaklaşık 2 saat pişirin.

3.Bu arada tüm sebzeleri yıkayıp doğrayın. Büyük bir tencereye suyu kaynatın. Sebzelerin yarısını ekleyin. Kaynamaya bırakın ve 10 dakika pişirin. Delikli bir kaşık kullanarak sebzeleri büyük bir kasenin üzerine yerleştirilmiş bir kevgir içine aktarın. Kalan sebzeleri de aynı şekilde pişirin. İyice boşaltın ve soğumaya bırakın. Soğuyunca sebzeleri küçük parçalar halinde kesin.

4.2 saat piştikten sonra etleri ve sosisleri et suyundan çıkarın. Kemikleri çıkarın ve etleri ve sosisleri küçük parçalar halinde kesin.

5.Et suyunun hafifçe soğumasına izin verin. Yağı et suyundan çıkarın. Stoku ince gözenekli bir süzgeçten geçirerek büyük, temiz bir tencereye süzün. Etleri et suyuna geri koyun. Sebzeleri ekleyin. Tekrar kaynamaya getirin ve 30 dakika pişirin.

6.Üzerine rendelenmiş Parmigiano-Reggiano serperek sıcak servis yapın.

Toskana balık çorbası

Cacciucco

6 porsiyon yapar

Bu Toskana spesiyalitesi için tencereye ne kadar çok balık çeşidi eklerseniz çorbanın tadı da o kadar güzel olur.

1 1/4 su bardağı zeytinyağı

1 orta boy soğan

1 doğranmış kereviz

1 doğranmış havuç

1 diş kıyılmış sarımsak

2 yemek kaşığı kıyılmış taze maydanoz

Bir tutam ezilmiş kırmızı biber

1 defne yaprağı

1 canlı ıstakoz (1 ila 2 pound)

Porgy, soyulmuş levrek, kırmızı balığı veya levrek gibi 2 bütün balık (her biri yaklaşık 1/2 pound), temizlenmiş ve parçalara ayrılmış (kafalarını çıkarın ve ayırın)

1 1/2 bardak kuru beyaz şarap

1 pound domates, soyulmuş, çekirdekleri çıkarılmış ve doğranmış

1 kiloluk kalamar (kalamar), temizlenmiş ve 1 inçlik halkalar halinde kesilmiş

Kızartılmış İtalyan ekmeği dilimleri

1. Yağı büyük bir tencereye dökün. Soğanı, kerevizi, havucu, sarımsağı, maydanozu, biberi ve defne yaprağını ekleyin. Orta ateşte, sık sık karıştırarak, sebzeler yumuşayana ve altın rengi kahverengi olana kadar yaklaşık 10 dakika pişirin.

2. Istakozu, boşluğu yukarı bakacak şekilde bir kesme tahtası üzerine yerleştirin. Pençeleri kapalı tutan bantları çıkarmayın. Elinizi ağır bir havluyla veya tutacakla koruyun ve ıstakozu kuyruğunun üzerinde tutun. Ağır bir şef bıçağının ucunu, kuyruğun göğüsle birleştiği yere gövdeye batırın. Kuyruk etini kaplayan ince kabuğu çıkarmak için kümes hayvanı makası kullanın. Koyu renkli damarı kuyruktan çıkarın, ancak varsa yeşil tomalley ve kırmızı mercanı bırakın. Kuyruğu bir kenara

bırakın. Istakoz gövdesini ve eklem yerlerindeki pençeleri 1 ila 2 inçlik parçalar halinde kesin. Pençeleri kırmak için bıçağın kör tarafıyla vurun.

3. Istakoz göğüs boşluğunu, ayrılmış balık kafalarını ve süslemelerini tencereye ekleyin. 10 dakika pişirin. Şarabı ekleyin ve 2 dakika pişirin. Domatesleri ve 4 bardak suyu ekleyin. Kaynamaya bırakın ve 30 dakika pişirin.

4. Delikli bir kaşık kullanarak ıstakoz boşluğunu, balık kafalarını ve defne yaprağını tencereden çıkarın ve atın. Geri kalan malzemeleri bir öğütücüden büyük bir kaseye geçirin.

5. Tencereyi yıkayıp çorbayı dökün. Sıvıyı kaynama noktasına getirin. Kalamar gibi daha uzun süre pişirilmesi gereken deniz ürünlerini ekleyin. Neredeyse yumuşayana kadar yaklaşık 20 dakika pişirin. Istakoz kuyruğunu, pençeleri ve balık parçalarını ekleyin. Istakoz ve balığın içi opaklaşana kadar, yaklaşık 10 dakika daha pişirin.

6. Her çorba kasesine kızarmış ekmek dilimleri yerleştirin. Çorbayı ekmeklerin üzerine gezdirip sıcak olarak servis yapın.

Parçalı balık çorbası

Ciuppin

6 porsiyon yapar

Bu çorba için bir tür balık veya birkaç çeşit kullanabilirsiniz. Ekstra sarımsak tadı için, çorbayı kaselere eklemeden önce kızarmış ekmek dilimlerini bir diş çiğ sarımsakla ovalayın. Cenovalı denizciler bu klasik çorbayı birçok kişinin yerleştiği San Francisco'ya tanıttı. San Fransiskanlar kendi versiyonlarına cioppino diyorlar.

Halibut, levrek veya mahi mahi gibi 2 1/2 pound çeşitli, sert, beyaz etli balık filetosu

1 1/4 su bardağı zeytinyağı

1 orta boy havuç, ince doğranmış

1 adet hassas kereviz kaburgası, ince doğranmış

1 orta boy soğan, doğranmış

2 diş ince doğranmış sarımsak

1 bardak kuru beyaz şarap

1 su bardağı taze soyulmuş, çekirdeği çıkarılmış ve doğranmış domates veya konserve domates

Tuz ve taze çekilmiş karabiber

2 yemek kaşığı kıyılmış taze maydanoz

6 dilim kızarmış İtalyan veya Fransız ekmeği

1. Balık parçalarını durulayın ve kurulayın. Balıkları kemiklerini atarak 2 inçlik parçalar halinde kesin.

2. Yağı büyük bir tencereye dökün. Havucu, kerevizi, soğanı ve sarımsağı ekleyin. Sık sık karıştırarak orta ateşte yumuşayana ve altın rengi olana kadar yaklaşık 10 dakika pişirin. Balıkları ekleyin ve parçaları ara sıra karıştırarak 10 dakika daha pişirin.

3. Şarabı dökün ve kaynatın. Tatmak için domates, tuz ve karabiber ekleyin. Üzerini kapatacak kadar soğuk su ekleyin. Kaynamaya bırakın ve 20 dakika pişirin.

4. Maydanozu ekleyin. Her çorba kasesine bir dilim kızarmış ekmek koyun. Çorbayı ekmeklerin üzerine gezdirip sıcak olarak servis yapın.

Deniz ürünleri, makarna ve fasulye çorbası

Makarna ve Fagioli ai Frutti di Mare

4 ila 6 porsiyon yapar

Makarna ve fasulyeyi deniz ürünleriyle birleştiren çorbalar güney İtalya'da popülerdir. Bu, Roma'daki ünlü deniz ürünleri restoranı Alberto Ciarla'da denediğim versiyonum.

1 kilo küçük midye

1 pound küçük istiridye

2 yemek kaşığı zeytinyağı

2 ons pastırma, ince doğranmış

1 orta boy soğan, ince doğranmış

2 diş ince doğranmış sarımsak

3 su bardağı pişmiş, kurutulmuş veya konserve cannellini fasulyesi, süzülmüş

1 su bardağı doğranmış domates

1 1/2 kiloluk kalamar (kalamar), 1 inçlik daireler halinde kesilmiş

Tuz ve taze çekilmiş karabiber

8 ons spagetti, 1 inçlik parçalar halinde kesilmiş

2 yemek kaşığı kıyılmış taze maydanoz

Sızma zeytinyağı

1. Midyeleri üzerini örtecek kadar soğuk suda 30 dakika bekletin. Bunları sert bir fırçayla fırçalayın ve midyeleri veya algleri kazıyın. Dikenleri kabukların dar ucuna doğru çekerek çıkarın. Kabukları çatlamış veya vurulduğunda sıkıca kapanmayan midyeleri reddedin. · Midyeleri 1/2 bardak soğuk suyla birlikte geniş bir tencereye koyun. Tencerenin kapağını kapatıp kaynamaya bırakın. Midyeler açılıncaya kadar yaklaşık 5 dakika pişirin. Bir skimmer kullanarak midyeleri bir kaseye aktarın.

2. İstiridyeleri tencereye koyun ve tavanın kapağını kapatın. İstiridyeler açılıncaya kadar yaklaşık 5 dakika pişirin. İstiridyeleri tencereden çıkarın. Tenceredeki sıvıyı kağıt kahve filtresinden geçirerek bir kaseye süzün ve bir kenara koyun.

3. Parmaklarınızı kullanarak istiridye ve midyeleri kabuklarından çıkarın ve bir kaseye koyun.

4. Yağı büyük bir tencereye dökün. Pastırma, soğan ve sarımsağı ekleyin. Sık sık karıştırarak orta ateşte yumuşayana ve altın rengi kahverengi olana kadar yaklaşık 10 dakika pişirin.

5. Fasulyeyi, domatesi ve kalamarları ekleyin. Deniz ürünlerinden ayrılmış meyve sularını ekleyin. Kaynamaya bırakın ve 20 dakika pişirin.

6. Deniz ürünlerini ekleyin ve pişene kadar yaklaşık 5 dakika pişirin.

7. Bu arada büyük bir tencerede suyu kaynatın. Makarnayı ve tuzu damak tadınıza göre ekleyin. İhale edilene kadar pişirin. Makarnayı süzüp çorbaya ekleyin. Çorba çok kalın görünüyorsa makarna sıvısının bir kısmını ekleyin.

8. Maydanozu ekleyin. Sızma zeytinyağı gezdirerek sıcak servis yapın.

Domates Suyunda Midye ve İstiridye

Zuppa di Cozze

4 porsiyon yapar

İsterseniz bunu tüm midyelerle veya tüm istiridyelerle yapabilirsiniz.

2 kilo midye

1 1/2 su bardağı zeytinyağı

4 diş ince kıyılmış sarımsak

2 yemek kaşığı kıyılmış taze maydanoz

Bir tutam ezilmiş kırmızı biber.

1 bardak kuru beyaz şarap

3 pound olgun domates, soyulmuş, çekirdekleri çıkarılmış ve doğranmış veya 2 kutu (28 ila 35 ons) ithal İtalyan soyulmuş domates, doğranmış

Sal

2 kilo küçük istiridye

8 dilim kızarmış İtalyan veya Fransız ekmeği

1 bütün diş sarımsak

1. Midyeleri üzerini örtecek kadar soğuk suda 30 dakika bekletin. Bunları sert bir fırçayla fırçalayın ve midyeleri veya algleri kazıyın. Dikenleri kabukların dar ucuna doğru çekerek çıkarın. Kabukları çatlamış veya vurulduğunda sıkıca kapanmayan midyeleri reddedin.

2. Büyük bir tencerede yağı orta ateşte ısıtın. Kıyılmış sarımsağı, maydanozu ve ezilmiş kırmızı biberi ekleyin ve sarımsak altın rengi oluncaya kadar yaklaşık 2 dakika kısık ateşte pişirin. Şarabı ekleyin ve kaynatın. Domatesleri ve bir tutam tuzu ekleyin. Orta ateşte, ara sıra karıştırarak, hafifçe koyulaşana kadar yaklaşık 20 dakika pişirin.

3. Midye ve istiridyeleri yavaşça ekleyin. Tencereyi kapatın. Midye ve istiridyeler açılıncaya kadar 5 ila 10 dakika pişirin. Açılmayanları reddedin.

4. Tostu doğranmış sarımsak karanfiliyle ovalayın. Her fondo tabağına bir parça ekmek koyun. Midye, istiridye ve sıvıyla kaplayın. Sıcak olarak servis yapın.

diğer yiyeceklerle birlikte kullanmak için.

Marinara sosu

Marinara sosu

2 1/2 bardak yapar

Sarımsak bu hızlı Güney İtalya tarzı sosa kendine özgü lezzetini veriyor. Napolililer büyük bir bıçağın yan tarafıyla dişlerini hafifçe öğütürler. Bu, derinin çıkarılmasını kolaylaştırır ve lezzetin salınması için dişleri açar. Servis yapmadan önce sarımsak dişlerini bütün olarak çıkarın.

En taze lezzet için pişirme süresinin sonunda fesleğeni ekliyorum. Kurutulmuş fesleğen, taze fesleğen için kötü bir alternatiftir, ancak onu maydanoz veya taze nane ile değiştirebilirsiniz. Bu sos spagetti veya diğer kuru makarnalar için idealdir.

1 1/4 su bardağı zeytinyağı

2 diş sarımsak, ezilmiş

Bir tutam ezilmiş kırmızı biber

3 pound taze armut domates, soyulmuş, çekirdekleri çıkarılmış ve doğranmış veya 1 kutu (28 ons) ithal İtalyan soyulmuş domates, suyuyla birlikte, bir gıda değirmeninden geçirilmiş

tatmak için tuz

4 taze fesleğen yaprağı, parçalar halinde kesilmiş

1. Yağı orta boy bir tencereye dökün. Sarımsak ve kırmızı biberi ekleyin. Orta ateşte, sarımsağı bir veya iki kez çevirerek altın rengi oluncaya kadar yaklaşık 5 dakika pişirin. Sarımsakları tavadan çıkarın.

2. Tatmak için domatesleri ve tuzu ekleyin. Ara sıra karıştırarak veya sos koyulaşıncaya kadar 20 dakika pişirin.

3. Ateşi kapatıp fesleğeni ekleyin. Sıcak olarak servis yapın. Önceden hazırlanıp hava geçirmez bir kapta buzdolabında 5 güne kadar, dondurucuda ise 2 aya kadar saklanabilir.

Taze Domates Sosu

Leggero Sos

3 bardak yapar

Bu sos, zeytinyağı veya tereyağında pişirilen normal soğan veya sarımsakla başlamaması nedeniyle sıra dışıdır. Bunun yerine aromatikler domateslerle birlikte kaynatılır, böylece sos hassas bir bitkisel tada sahip olur. Taze makarnalardan herhangi biriyle veya frittata veya başka bir omlet için sos olarak servis yapın.

4 kilo olgun erik domates, soyulmuş, çekirdekleri çıkarılmış ve doğranmış

1 orta boy havuç, doğranmış

1 orta boy soğan, doğranmış

1 küçük parça kereviz, doğranmış

tatmak için tuz

6 adet taze fesleğen yaprağı, küçük parçalar halinde kesilmiş

1 1/4 su bardağı sızma zeytinyağı

1. Büyük, ağır bir tencerede domates, havuç, soğan, kereviz, bir tutam tuz ve fesleğeni birleştirin. Tencerenin kapağını kapatıp orta ateşte, karışım kıvam alana kadar pişirin. Kapağı açın ve ara sıra karıştırarak 20 dakika veya sos kalınlaşana kadar pişirin.

2. Hafifçe soğumaya bırakın. Sosu bir yiyecek öğütücüden geçirin veya bir mutfak robotu veya blenderde püre haline getirin. Yavaşça tekrar ısıtın ve baharatı test edin. Yağı ekleyin. Sıcak olarak servis yapın. Önceden hazırlanıp hava geçirmez bir kapta buzdolabında 5 güne kadar, dondurucuda ise 2 aya kadar saklanabilir.

Domates Sosu, Sicilya Usulü

Sicilya domates sosu

Yaklaşık 3 bardak yapar

Ailesine ait Sicilya'daki Regaleali şaraphanesinde aşçılık okulu işleten Anna Tasca Lanza'nın bu şekilde domates sosu yapmasını izledim. Her şey tencereye alınır, yeterince kaynatıldığında sos, domates çekirdeklerini çıkarmak için mutfak robotunda püre haline getirilir. Pişirme süresi sonunda eklenen tereyağı ve zeytinyağı sosu zenginleştirir ve tatlandırır. Patates gnocchi veya taze fettuccine ile servis yapın.

3 kilo olgun domates

1 orta boy soğan, ince dilimlenmiş

1 diş ince kıyılmış sarımsak

2 yemek kaşığı doğranmış taze fesleğen

Bir tutam ezilmiş kırmızı biber

1 1/4 su bardağı zeytinyağı

1 yemek kaşığı tuzsuz tereyağı

1. Domatesleri püre haline getirmek için mutfak robotu kullanıyorsanız uzunlamasına dörde bölün ve 2. adıma geçin. Mutfak robotu veya blender kullanıyorsanız önce domatesleri soyun: Orta boy bir tencerede suyu kaynatın. Domatesleri birer birer ekleyip 1 dakika kadar pişirin. Bir skimmer kullanarak bunları çıkarın ve bir kase soğuk suya koyun. Kalan domateslerle aynı işlemi tekrarlayın. Domatesleri soyun, çekirdeğini çıkarın ve çekirdeklerini çıkarın.

2. Büyük bir tencerede domates, soğan, sarımsak, fesleğen ve ezilmiş kırmızı biberi birleştirin. Kapağını kapatıp kaynamaya bırakın. 20 dakika veya soğan yumuşayana kadar pişirin. Hafifçe soğumaya bırakın.

3. Karışımı, eğer kullanılıyorsa, bir gıda değirmeninden geçirin veya bir blender veya mutfak robotunda püre haline getirin. Püreyi tekrar tencereye alın. Tadına göre fesleğen, kırmızı biber ve tuzu ekleyin.

4. Servis yapmadan hemen önce sosu tekrar ısıtın. Ateşten alıp zeytinyağını ve tereyağını ekleyin. Sıcak olarak servis yapın. Önceden hazırlanıp hava geçirmez bir kapta buzdolabında 5 güne kadar, dondurucuda ise 2 aya kadar saklanabilir.

Toskana usulü domates sosu

Toskana domates sosu

3 bardak yapar

Soffritto, doğranmış aromatik sebzelerin (genellikle soğan, havuç ve kereviz) tereyağı veya yağda yumuşayana ve hafifçe kızarana kadar pişirilen bir karışımıdır. Birçok sosun, çorbanın ve güvecin lezzet verici temelidir ve İtalyan mutfağında önemli bir tekniktir. Birçok İtalyan aşçı, tüm soffritto malzemelerini soğuk bir tavaya koyar ve ardından ısıyı açar. Bu şekilde, tüm malzemeler yavaşça pişer ve hiçbir şey fazla kızarmaz veya fazla pişmez. Önce yağın ısıtılması ve ardından doğranmış malzemelerin eklenmesi şeklindeki alternatif yöntemde, yağın aşırı ısınma tehlikesi vardır. Sebzeler kahverengileşebilir, fazla pişebilir ve acılaşabilir. Bu Toskana tarzı domates sosu, normal sebzelerin yanı sıra zeytinyağında pişirilmiş sarımsaktan oluşan bir soffritto ile başlar.

4 yemek kaşığı zeytinyağı

1 orta boy soğan, ince doğranmış

1 1/2 su bardağı doğranmış havuç

1 1/4 bardak doğranmış kereviz

1 diş küçük sarımsak, kıyılmış

3 pound taze olgun armut domates, soyulmuş, çekirdekleri çıkarılmış ve ince doğranmış veya 1 kutu (28 ons) ithal İtalyan soyulmuş domates, suyuyla birlikte, bir gıda değirmeninden geçirilmiş

1 1/2 su bardağı tavuk suyu

Bir tutam ezilmiş kırmızı biber

Sal

2 veya 3 fesleğen yaprağı, doğranmış

1. Yağı orta boy bir tencereye dökün. Soğanı, havucu, kerevizi ve sarımsağı ekleyin. Orta ateşte, ara sıra karıştırarak sebzeler yumuşayana ve altın rengi kahverengi olana kadar yaklaşık 15 dakika pişirin.

2. Tatlandırmak için domates, et suyu, kırmızı biber ve tuz ekleyin. Kaynamaya getirin. Tavayı kısmen kapatın ve ara sıra karıştırarak koyulaşana kadar yaklaşık 30 dakika pişirin.

3. Fesleğen ekleyin. Sıcak olarak servis yapın. Önceden hazırlanıp hava geçirmez bir kapta buzdolabında 5 güne kadar, dondurucuda ise 2 aya kadar saklanabilir.

Pizzaiola sosu

Pizzaiola sosu

Yaklaşık 2 1/2 bardak yapar

Napolililer bu lezzetli sosu küçük biftek veya kaburga pişirmek için kullanırlar (bkz.et) veya spagetti üzerinde servis ediyorlar. Bununla birlikte, odun ateşinde pişirilen Napoliten pizza fırınlarının aşırı sıcaklığı, önceden pişirilmiş sosu fazla pişireceğinden, genellikle pizzada kullanılmaz. Adını, bir pizza yapımcısının genellikle pizzada kullandığı malzemelerin aynısı olan domates, sarımsak ve kekikten alır.

Sarımsakları çok ince olacak şekilde kıyın, böylece sosta büyük parçalar kalmayacak şekilde.

2 diş sarımsak, ince doğranmış

1 1/4 su bardağı zeytinyağı

Bir tutam ezilmiş kırmızı biber

1 kutu (28 ons) ithal soyulmuş İtalyan domatesi, suyuyla birlikte, doğranmış

1 çay kaşığı kurutulmuş kekik, ufalanmış

Sal

1. Büyük bir tavada, sarımsakları orta ateşte yağda altın rengi olana kadar yaklaşık 2 dakika pişirin. Ezilmiş kırmızı biberi ekleyin.

2. Tatlandırmak için domates, kekik ve tuz ekleyin. Sosu kaynama noktasına getirin. Ara sıra karıştırarak 20 dakika veya sos koyulaşana kadar pişirin. Sıcak olarak servis yapın. Önceden hazırlanıp hava geçirmez bir kapta buzdolabında 5 güne kadar, dondurucuda ise 2 aya kadar saklanabilir.

"Sahte" Et Sosu

Sugo Finto

Yaklaşık 6 bardak yapar

Arkadaşım Lars Leicht'e göre Sugo finto "sahte sos" anlamına geliyor. Bu kadar lezzetli ve kullanışlı bir sos için garip bir isim ve orta İtalya'da sıklıkla kullanılan bir sos. Bu tarif Roma dışında yaşayan teyzesinden geliyor. O kadar lezzet dolu ki, biraz et içerdiğini düşünerek kandırılabilirsiniz. Sos, basit bir domates sosundan biraz daha karmaşıklık istediğiniz ancak et eklemek istemediğiniz zamanlar için mükemmeldir. Bu tarif çok şey kazandırır, ancak isterseniz kolayca yarıya indirilebilir.

1 1/4 su bardağı zeytinyağı

1 orta boy sarı soğan, ince doğranmış

2 küçük havuç, soyulmuş ve ince doğranmış

2 diş ince doğranmış sarımsak

4 taze fesleğen yaprağı, doğranmış

1 küçük kuru biber, ezilmiş veya bir tutam ezilmiş kırmızı biber

1 bardak kuru beyaz şarap

2 kutu (her biri 28 ila 35 ons) ithal İtalyan soyulmuş domates, suyuyla birlikte veya 6 kilo taze armut domates, soyulmuş, çekirdekleri çıkarılmış ve doğranmış

1. Büyük bir tencerede yağı, soğanı, havuçları, sarımsağı, fesleğen ve kırmızı biberi birleştirin. Orta ateşte, ara sıra karıştırarak, sebzeler yumuşayana ve altın rengi kahverengi olana kadar yaklaşık 10 dakika pişirin.

2. Şarabı ekleyin ve kaynamaya bırakın. 1 dakika pişirin.

3. Domatesleri tenceredeki bir öğütücüden geçirin veya bir blender veya mutfak robotunda püre haline getirin. Kaynamaya getirin ve ısıyı azaltın. Tuzla tatlandırın. Ara sıra karıştırarak 30 dakika veya sos koyulaşana kadar pişirin. Sıcak olarak servis yapın. Önceden hazırlanıp hava geçirmez bir kapta buzdolabında 5 güne kadar, dondurucuda ise 2 aya kadar saklanabilir.

pembe sos

Domates Sosu alla Panna

Yaklaşık 3 bardak yapar

Ağır krema bu güzel pembe sosu yumuşatır. Mantı veya yeşil gnocchi ile servis yapın.

1 1/4 su bardağı tuzsuz tereyağı

1 1/4 bardak doğranmış taze arpacık

3 pound taze domates, soyulmuş, çekirdekleri çıkarılmış ve doğranmış veya 1 kutu (28 ons) ithal İtalyan soyulmuş domates suyuyla birlikte

Tuz ve taze çekilmiş karabiber

1 1/2 bardak ağır krema

1. Büyük bir tencerede, orta-düşük ateşte tereyağını eritin. Arpacık soğanı ekleyin ve altın rengi olana kadar yaklaşık 3 dakika pişirin. Domatesleri, tuzu ve karabiberi ekleyip sos kaynayana kadar karıştırarak pişirin. Konserve domates kullanıyorsanız kaşıkla doğrayın. Sos hafifçe koyulaşıncaya kadar ara sıra karıştırarak yaklaşık 20 dakika pişirin. Hafifçe soğumaya bırakın.

2. Domates karışımını bir elekten geçirin. Sosu tekrar tencereye alın ve orta ateşte ısıtın. Kremayı ekleyin ve 1 dakika veya hafifçe koyulaşana kadar pişirin. Sıcak olarak servis yapın.

Soğanlı Domates Sosu

Pomodoro soslu soğan

2 1/2 bardak yapar

Soğanın içindeki doğal şeker, bu sosta tereyağının tatlılığını tamamlıyor. Bu sos ayrıca soğan yerine arpacık soğanıyla da iyi yapılır.

3 yemek kaşığı tuzsuz tereyağı

1 yemek kaşığı zeytinyağı

1 küçük soğan, çok ince doğranmış

3 pound armut domates, soyulmuş, çekirdekleri çıkarılmış ve doğranmış veya 1 kutu (28 ons) ithal İtalyan soyulmuş domates, suyuyla birlikte, bir gıda değirmeninden geçirilmiş

Tatmak için tuz ve taze çekilmiş karabiber.

1. Ağır orta boy bir tencerede, orta ateşte tereyağını yağla birlikte eritin. Soğanı ekleyin ve bir veya iki kez karıştırarak soğan yumuşayana ve altın rengi oluncaya kadar yaklaşık 7 dakika pişirin.

2. Domatesleri, tuz ve karabiberi ekleyin. Sosu kaynama noktasına getirin ve 20 dakika veya koyulaşana kadar pişirin.

Kavrulmuş domates sosu

Kavrulmuş Pomodoro Sos

1 kilo makarnaya yetecek kadar

Mükemmel olmayan taze domatesler bile bu şekilde pişirilebilir. Sadece bir çeşit domates veya birkaç çeşit kullanabilirsiniz. Kırmızı ve sarı domateslerin kombinasyonu özellikle hoştur. Fesleğen veya maydanoz otlar için bariz seçeneklerdir, ancak frenk soğanı, biberiye, nane veya elinizde ne varsa içeren bir karışımı da kullanabilirsiniz.

Önceden kızartmayı, ardından oda sıcaklığındaki sosu penne veya düdük gibi sıcak makarnalarla karıştırmayı seviyorum. Arkadaşım Suzie O'Rourke bana bunu en sevdiği servis şeklinin kızarmış İtalyan ekmeği dilimlerine meze sürmek olduğunu söyledi.

2 1/2 pound yuvarlak, erik, kiraz veya üzüm domates

4 diş ince kıyılmış sarımsak

Sal

Bir tutam ezilmiş kırmızı biber

1 1/2 su bardağı zeytinyağı

¹1/2 su bardağı doğranmış taze fesleğen, maydanoz veya diğer otlar

1. Fırının ortasına bir raf yerleştirin. Fırını önceden 400°F'ye ısıtın. 13×9×2 inçlik tepkimeye girmeyen bir fırın tepsisini yağlayın.

2. Yuvarlak veya erik domatesleri 1/2 inçlik parçalar halinde kabaca doğrayın. Kiraz veya üzüm domateslerini ikiye veya dörde bölün.

3. Domatesleri tavaya yayın. Sarımsak, tuz ve ezilmiş kırmızı biber serpin. Yağı üzerine gezdirin ve yavaşça atın.

4. 30 ila 45 dakika veya domatesler hafifçe kızarana kadar kızartın. Domatesleri ocaktan alıp baharatları ekleyin. Sıcak veya oda sıcaklığında servis yapın.

Abruzzo tarzı yahni

Ragù Abruzzese

Yaklaşık 7 bardak yapar

Bu yahni için sebzeler bütün olarak bırakılır ve etin bir kısmı kemikte pişirilir. Pişirme süresinin sonunda sebzeler ve serbest kalan kemikler çıkarılır. Genelde etler sostan çıkarılarak ikinci yemek olarak servis edilir. Bu sosu rigatoni gibi kalın makarna şekilleriyle servis edin.

3 yemek kaşığı zeytinyağı

1 kiloluk kemikli domuz omuzu, 2 inçlik parçalar halinde kesilmiş

1 kiloluk kemikli kuzu boynu veya omuzu, 2 inçlik parçalar halinde kesilmiş

1 pound kemiksiz sığır eti güveç eti, 1 inçlik parçalar halinde kesilmiş

1 1/2 bardak kuru kırmızı şarap

2 yemek kaşığı domates salçası

4 pound taze domates, soyulmuş, çekirdekleri çıkarılmış ve doğranmış veya 2 kutu (28 ons) ithal İtalyan soyulmuş domates suyuyla birlikte, bir gıda değirmeninden geçirilmiş

2 bardak su

Tuz ve taze çekilmiş karabiber

1 orta boy soğan

1 dilim kereviz

1 orta boy havuç

1. Büyük, ağır bir tencerede yağı orta ateşte ısıtın. Etleri ekleyin ve ara sıra karıştırarak, hafifçe kızarana kadar pişirin.

2. Şarabı ekleyin ve sıvının çoğu buharlaşana kadar pişirin. Domates salçasını ekleyin. Tatlandırmak için domatesleri, suyu, tuz ve karabiberi ekleyin.

3. Sebzeleri ekleyin ve pişirin. Tencerenin kapağını kapatın ve etler iyice yumuşayıncaya kadar ara sıra karıştırarak yaklaşık 3 saat pişirin. Sos ince görünüyorsa kapağını açın ve biraz azalıncaya kadar pişirin.

4. Soğumaya bırakın. Gevşek kemikleri ve sebzeleri çıkarın.

5. Servis yapmadan önce yeniden ısıtın veya üzerini örtün ve buzdolabında 3 güne kadar veya dondurucuda 3 aya kadar saklayın.

Napoliten yahni

Ragù alla Napolitana

Yaklaşık 8 bardak yapar

Farklı sığır ve domuz eti kesimleriyle yapılan bu lezzetli yahni, birçok İtalyan-Amerikalının "salsa" dediği şeydir ve pazar öğle veya akşam yemeği için yapılır. Kabuklu veya rigatoni gibi önemli makarna türleriyle karıştırmak ve fırınlanmış makarna yemeklerinde kullanım için idealdir. <u>Napoliten lazanya</u>.

Köfteler pişme süresinin sonuna doğru sosa eklenir, böylece sos kaynarken hazırlayabilirsiniz.

2 yemek kaşığı zeytinyağı

1 kiloluk etli domuz boynu kemikleri veya domuz pirzolası

1 kiloluk baş eti tek parça halinde

1 pound İtalyan tarzı veya rezene domuz sosisi

4 diş sarımsak, hafifçe ezilmiş

1 1/4 su bardağı domates salçası

3 kutu (28 ila 35 ons) ithal İtalyan soyulmuş domates

Tatmak için tuz ve taze çekilmiş karabiber.

6 adet taze fesleğen yaprağı, küçük parçalar halinde kesilmiş

1 tarifNapoliten köfte, en büyük boyut

2 bardak su

1. Büyük, ağır bir tencerede yağı orta ateşte ısıtın. Domuzu kurulayın ve parçaları tencereye koyun. Ara sıra çevirerek yaklaşık 15 dakika veya her tarafı altın rengi kahverengi olana kadar pişirin. Domuz eti bir tabağa çıkarın. Eti de aynı şekilde kızartıp tencereden çıkarın.

2. Sosisleri tencereye koyun ve her tarafını kızartın. Sosis ve diğer etler dışında.

3. Yağın çoğunu boşaltın. Sarımsakları ekleyin ve 2 dakika veya altın rengi oluncaya kadar pişirin. Sarımsakları çıkarın. Domates salçasını ekleyin; 1 dakika pişirin.

4. Bir mutfak robotu kullanarak domatesleri ve suyunu tencerede püre haline getirin. Veya daha koyu bir sos için domatesleri doğrayın. 2 su bardağı su ve tuz ve karabiberi ekleyin. Domuz eti, sığır eti, sosis ve fesleğen ekleyin. Sosu kaynama noktasına

getirin. Tencerenin kapağını kısmen kapatın ve ara sıra karıştırarak 2 saat pişirin. Sos çok koyulaşırsa biraz daha su ekleyin.

5.Bu arada köfteleri hazırlayın. Sos neredeyse hazır olduğunda köfteleri sosa ekleyin. 30 dakika kadar veya sos kalınlaşıncaya ve etler iyice yumuşayana kadar pişirin. Eti sostan çıkarın ve garnitür veya ayrı bir yemek olarak servis yapın. Acı sosu servis edin. Kapağı kapatın ve hava geçirmez bir kapta buzdolabında 3 güne kadar veya dondurucuda 2 aya kadar saklayın.

Sosis yahni

Ragù di Salsiccia

4 1/2 bardak yapar

Bu Güney İtalya sosunu İtalyan usulü domuz sosisi etinin küçük parçaları süslüyor. Baharatlı seviyorsanız sıcak sosis kullanın. Bu sosu servis yapın<u>Patates Tortelli</u>veya deniz tarağı veya rigatoni gibi parçalı makarna.

1 pound sade İtalyan domuz sosisi

2 yemek kaşığı zeytinyağı

2 diş ince doğranmış sarımsak

1 1/2 bardak kuru beyaz şarap

3 pound taze armut domates, soyulmuş, çekirdekleri çıkarılmış ve doğranmış veya 1 kutu (28 ons) ithal İtalyan soyulmuş domates, suyuyla birlikte, bir gıda değirmeninden geçirilmiş

Tuz ve taze çekilmiş karabiber

3 ila 4 taze fesleğen yaprağı, parçalar halinde kesilmiş

1. Sosisleri kasalardan çıkarın. Eti ince ince doğrayın.

2. Büyük bir tencerede yağı orta ateşte ısıtın. Chorizo etini ve sarımsağı ekleyin. Domuz eti hafifçe kızarıncaya kadar, yaklaşık 10 dakika kadar, sık sık karıştırarak pişirin. Şarabı ekleyin ve kaynamaya bırakın. Şarabın çoğu buharlaşana kadar pişirin.

3. Tatmak için domatesleri ve tuzu ekleyin. Kaynamaya getirin. Isıyı minimuma indirin. Sos koyulaşıncaya kadar ara sıra karıştırarak yaklaşık 1 saat 30 dakika pişirin. Servis yapmadan hemen önce fesleğeni ekleyin. Sıcak olarak servis yapın. Önceden hazırlanıp hava geçirmez bir kapta buzdolabında 3 güne kadar, dondurucuda ise 2 aya kadar saklanabilir.

Yürüyüş tarzında Ragu

Ragù di Carne alla Marchigiana

Yaklaşık 5 bardak yapar

Orta İtalya'nın Marche bölgesindeki Campofilone kasabası, her yıl dünyanın dört bir yanından ziyaretçi çeken bir makarna festivaline ev sahipliği yapıyor. Ziyafetin öne çıkan kısmı, bu lezzetli et sosuyla servis edilen, elle yuvarlanan yumurtalı makarna olan makarnadır. Otlar ve bir tutam karanfil karışımı bu yahniye özel bir tat verir. Pişirme süresinin sonunda eklenen bir miktar süt, pürüzsüz bir görünüm sağlar. Bu sosu önceden hazırlayacaksanız servis yapmadan hemen önce sütü ekleyin. Fettuccine ile servis yapın.

1 bardak ev yapımıEt suyuveya mağazadan satın alınan sığır eti suyu

1 1/4 su bardağı zeytinyağı

1 küçük soğan ince doğranmış

1 doğranmış kereviz

1 doğranmış havuç

1 yemek kaşığı taze kıyılmış maydanoz

2 çay kaşığı taze doğranmış biberiye

1 çay kaşığı doğranmış taze kekik

1 defne yaprağı

1 pound orta kemiksiz sığır eti, 2 inçlik parçalar halinde kesilmiş

1 kutu (28 ons) ithal İtalyan soyulmuş domates, suyu süzüldü ve bir gıda değirmeninden geçirildi

Bir tutam öğütülmüş karanfil

Tuz ve taze çekilmiş karabiber

1 1/2 su bardağı süt

1. Gerekirse et suyunu hazırlayın. Yağı büyük bir tencereye dökün. Sebzeleri ve otları ekleyin ve ara sıra karıştırarak orta ateşte 15 dakika veya sebzeler yumuşayıp altın rengi kahverengi olana kadar pişirin.

2. Eti ekleyin ve etler kızarana kadar sık sık karıştırarak pişirin. Tuz ve karabiber serpin. Domates püresini, et suyunu ve karanfilleri ekleyin. Kaynamaya getirin. Tavayı kısmen kapatın ve ara sıra karıştırarak et yumuşayana ve sos kalınlaşana kadar yaklaşık 2 saat pişirin.

3. Eti çıkarın, süzün ve ince ince doğrayın. Kıymayı tekrar sosun içine karıştırın.

4. Servis yapmadan önce sütü ekleyin ve 5 dakika ısıtın. Sıcak olarak servis yapın. Önceden hazırlanıp hava geçirmez bir kapta buzdolabında 3 güne kadar, dondurucuda ise 2 aya kadar saklanabilir.

Toskana et sosu

Ragù alla Toscana

8 bardak yapar

Baharatlar ve limon kabuğu rendesi bu sığır ve domuz eti yahnisine tatlı bir tat verir. İle servis yapın<u>biraz</u>.

4 yemek kaşığı tuzsuz tereyağı

¹1/4 su bardağı zeytinyağı

4 ons ithal İtalyan prosciutto, doğranmış

2 orta boy havuç

2 orta boy kırmızı soğan

1 büyük kereviz sapı, doğranmış

¹1/4 bardak doğranmış taze maydanoz

1 pound orta kemiksiz sığır eti, 2 inçlik parçalar halinde kesilmiş

8 ons tatlı İtalyan sosisi veya kıyma domuz eti

2 pound taze domates veya 1 kutu (28 ons) ithal soyulmuş İtalyan domatesi, doğranmış

2 ev yapımı bardakEt suyuveya mağazadan satın alınan sığır eti suyu

1 1/2 bardak kuru kırmızı şarap

1 1/2 çay kaşığı limon kabuğu rendesi

Tarçın çubuğu

Küçük hindistan cevizi balığı

Tatmak için tuz ve taze çekilmiş karabiber.

1. Büyük bir tencerede orta ateşte tereyağını zeytinyağıyla birlikte eritin. Prosciutto'yu ve doğranmış sebzeleri ekleyin ve sık sık karıştırarak 15 dakika pişirin.

2. Etleri ekleyin ve sık sık karıştırarak, kızarana kadar yaklaşık 20 dakika pişirin.

3. Tatlandırmak için domates, et suyu, şarap, limon kabuğu rendesi, tarçın, hindistan cevizi ve tuz ve karabiber ekleyin. Karışımı kaynama noktasına getirin. Sos kalınlaşana kadar ara sıra karıştırarak yaklaşık 2 saat pişirin.

4. Et parçalarını tencereden çıkarın. Bunları bir kesme tahtası üzerine yerleştirin ve küçük parçalar halinde kesin. Kıymayı sosa ekleyin. Sıcak olarak servis yapın. Önceden hazırlanıp hava geçirmez bir kapta buzdolabında 3 güne kadar, dondurucuda ise 2 aya kadar saklanabilir.

Bologna'daki Ragu

bolonez yahnisi

Yaklaşık 5 bardak yapar

Bologna'nın en iyi gurme yiyecek ve paket servisi olan Tamburini'de birçok çeşit taze yumurtalı makarna satın alabilirsiniz. En ünlüsü, ince baharatlı bir domuz sosisi olan mortadella ile doldurulmuş, kuruş büyüklüğündeki makarna halkaları olan tortellini'dir. Tortellini brodo, "et suyu", alla panna, kalın kremalı sos veya en iyisi yahni içinde zengin et sosuyla servis edilir. Soffritto'nun (aromatik sebzeler ve domuz pastırması) yavaş ve uzun süre pişirilmesi, Bolognese tarzı yahniye zengin, derin bir tat verir.

2 ev yapımı bardakEt suyuveya mağazadan satın alınan sığır eti suyu

2 yemek kaşığı tuzsuz tereyağı

2 yemek kaşığı zeytinyağı

2 ons pastırma, ince doğranmış

2 küçük havuç, soyulmuş ve ince doğranmış

1 ince doğranmış soğan

1 adet hassas kereviz kaburgası, ince doğranmış

8 ons kıyma

8 ons kıyma domuz eti

8 ons kıyma

1 1/2 bardak kuru kırmızı şarap

3 yemek kaşığı domates salçası

1/4 çay kaşığı rendelenmiş hindistan cevizi

Tuz ve taze çekilmiş karabiber

1 bardak süt

1. Gerekirse et suyunu hazırlayın. Büyük bir tencerede, orta-düşük ateşte tereyağını sıvı yağla eritin. Pastırma, havuç, soğan ve kereviz ekleyin. Karışımı ara sıra karıştırarak, tüm tatlar iyice yumuşayana ve koyu altın rengine dönene kadar, yaklaşık 30 dakika pişirin. Malzemeler çok fazla kahverengileşmeye başlarsa biraz ılık su ekleyin.

2. Etleri ekleyip iyice karıştırın. Etler pembe rengini kaybedip kahverengileşmeyene kadar, topakları parçalamak için sık sık karıştırarak yaklaşık 15 dakika pişirin.

3. Şarabı ekleyin ve sıvı buharlaşana kadar yaklaşık 2 dakika pişirin. Domates salçasını, et suyunu, hindistan cevizini ekleyin ve damak tadınıza göre tuz ve karabiber ekleyin. Karışımı kaynama noktasına getirin. Sos koyulaşıncaya kadar ara sıra karıştırarak yaklaşık 2 1/2 ila 3 saat pişirin. Sos çok kalınlaşırsa biraz daha et suyu veya su ekleyin.

4. Sütü ekleyip 15 dakika daha pişirin. Sıcak olarak servis yapın. Önceden hazırlanıp hava geçirmez bir kapta buzdolabında 3 güne kadar, dondurucuda ise 2 aya kadar saklanabilir.

Ördek yahni

Ördek yahni

Yaklaşık 5 bardak yapar

Yaban ördekleri Veneto'nun lagünlerinde ve tuzlu bataklıklarında yetişir ve yerel şefler onlarla harika yemekler hazırlar. Yahni içinde kızartılır, haşlanır veya bu şekilde hazırlanır. Zengin, gamlı sos, torchio ve saplı makarna presi ile yapılan bigoli, kalın tam buğday spagetti ile yenir. Taze evcil ördekler yabani türler kadar lezzetli olmasa da iyi bir alternatiftir. İkinci yemek olarak fettuccineli sosu ve ördek parçalarını servis ediyorum.

Kasaptan ördeği dörde bölmesini isteyin veya bunu kümes hayvanı makası veya büyük bir şef bıçağıyla kendiniz yapın. Kullanmamayı tercih ediyorsanız karaciğeri çıkartın.

1 ördek yavrusu (yaklaşık 5 1/2 pound)

2 yemek kaşığı zeytinyağı

Tatmak için tuz ve taze çekilmiş karabiber.

2 ons doğranmış pastırma

2 orta boy soğan, doğranmış

2 orta boy havuç, doğranmış

2 parça kereviz

6 adet taze adaçayı yaprağı

Bir tutam taze rendelenmiş hindistan cevizi

1 bardak kuru beyaz şarap

2 1/2 bardak soyulmuş, çekirdeği çıkarılmış ve doğranmış taze domates

1. Ördeği içini ve dışını durulayın ve boşluktaki gevşek yağları çıkarın. Kanatlı hayvan makası kullanarak ördeği 8 parçaya bölün. İlk önce ördeği omurga boyunca kesin. Ördeği kitap gibi açın. Keskin bir bıçak kullanarak ördeği göğsün iki tarafı arasında uzunlamasına ikiye bölün. Uyluğu göğüsten kesin. Bacak ve uyluğu eklem noktasından ayırın. Eklem noktasından kanadı ve göğsü ayırın. Karaciğer kullanıyorsanız zar atın ve bir kenara koyun.

2. Büyük, ağır bir tencerede yağı orta ateşte ısıtın. Ördek parçalarını kağıt havluyla kurulayın. Ördek parçalarını ekleyin ve ara sıra karıştırarak her yeri kızarana kadar pişirin. Tuz ve

karabiber serpin. Ördeği bir tabağa koyun. 2 yemek kaşığı yağ hariç hepsini çıkarın.

3. Tavaya pastırma, soğan, havuç, kereviz ve adaçayı ekleyin. Sebzeler yumuşayıp altın rengi oluncaya kadar ara sıra karıştırarak 10 dakika pişirin. Şarabı ekleyin ve 1 dakika pişirin.

4. Ördeği tekrar tencereye alıp domatesleri ve suyu ekleyin. Sıvıyı kaynama noktasına getirin. Tencerenin kapağını kısmen kapatın ve ara sıra karıştırarak 2 saat veya ördek çatalla delindiğinde iyice yumuşayana kadar pişirin. Kullanıyorsanız ördek ciğerini ekleyin. Tavayı ocaktan alın. Hafifçe soğumaya bırakın, ardından yüzeydeki yağları alın. Delikli bir kaşıkla et parçalarını sosun içinden çıkarın ve bir tabağa aktarın. Sıcak tutmak için örtün.

5. Sosu sıcak pişmiş fettuccine ile servis edin, ardından ikinci yemek olarak ördek eti servis edin. Yemeğin tamamı 2 gün öncesine kadar pişirilebilir, hava geçirmez bir kapta saklanabilir ve buzdolabında saklanabilir.

Tavşan veya tavuk yahni

Ragù di Tavşan veya Tavuk

3 bardak yapar

Bizim evde Paskalya yemeğine tavşan yahnisi içinde makarnayla başlamak gelenekseldi. Ailede tavşan yemek istemeyenler için annem aynı sosu tavukla da hazırlamıştı. Tavşan etinin yumuşaklığı göz önüne alındığında tavuk ragusunu her zaman daha lezzetli bulmuşumdur. Kasabın tavşanınızı veya tavuğunuzu kesmesini sağlayın.

1 küçük tavşan veya tavuk, 8 parçaya bölünmüş

2 yemek kaşığı zeytinyağı

1 kutu (28 ons) ithal soyulmuş İtalyan domatesi, suyuyla birlikte, doğranmış

1 orta boy soğan, ince doğranmış

1 orta boy havuç, ince doğranmış

1 diş ince kıyılmış sarımsak

1 1/2 bardak kuru beyaz şarap

1 çay kaşığı taze doğranmış biberiye

Tuz ve taze çekilmiş karabiber

1. Büyük bir tavada yağı orta ateşte ısıtın. Tavşanı veya tavuk parçalarını kurulayın ve üzerine tuz ve karabiber serpin. Bunları tavaya yerleştirin ve yaklaşık 20 dakika boyunca her yeri iyice kızartın.

2. Parçaları bir tabağa çıkarın. Tavadaki yağın iki yemek kaşığı hariç hepsini dökün.

3. Tavaya soğanı, havucu, sarımsağı ve biberiyeyi ekleyin. Sebzeler yumuşayana ve hafifçe kızarıncaya kadar sık sık karıştırarak pişirin. Şarabı ekleyin ve 1 dakika pişirin. Domatesleri suyuyla birlikte bir öğütücüden geçirin veya bir blender veya mutfak robotunda püre haline getirip tencereye ekleyin. Tadına göre tuz ve karabiber ekleyin. Isıyı en aza indirin ve tavayı kısmen örtün. Ara sıra karıştırarak 15 dakika pişirin.

4. Eti tavaya geri koyun. Et yumuşayana ve kemikten kolayca ayrılana veya düşene kadar ara sıra karıştırarak 20 dakika pişirin. Delikli bir kaşıkla et parçalarını sosun içinden çıkarın ve bir tabağa aktarın. Sıcak tutmak için örtün.

5. Sosu sıcak pişmiş fettuccine üzerine servis edin, ardından ikinci yemek olarak tavşan veya tavuk servis edin. Önceden hazırlanıp hava geçirmez bir kapta buzdolabında 3 güne kadar, dondurucuda ise 2 aya kadar saklanabilir.

Porcini ve Et Yahni

Ragù di Funghi ve Carne

Yaklaşık 6 bardak yapar

Piedmont'un büyük beyaz yer mantarı hakkında çok şey yazılmış olmasına rağmen Fransızların cèpes adını verdiği porcini mantarları bölgenin büyük bir hazinesidir. Yağmurdan sonra bol miktarda bulunan porcini'nin kalın kahverengi üst kısımları, kısa, kremsi beyaz saplarla desteklenerek onlara dolgun bir görünüm kazandırır. Adı küçük domuzlar anlamına geliyor. Zeytinyağı ve otlarla ızgarada veya kavrulmuş mantarın tadı tatlı ve cevizlidir. Taze porcini yalnızca ilkbahar ve sonbaharda mevcut olduğundan, bu bölgedeki aşçılar soslara ve güveçlere zengin, odunsu bir tat vermek için yılın geri kalanında kurutulmuş porcini kullanırlar.

Kurutulmuş porcini genellikle şeffaf plastik veya selofan kaplarda satılmaktadır. Torbanın alt kısmında minimum kırıntı ve döküntü bulunan büyük bütün dilimleri arayın. Son kullanma tarihi yıl içerisinde olmalıdır. Mantarlar yaşlandıkça tadı kaybolur. Kurutulmuş porçiniyi hava geçirmez bir kapta saklayın.

1/2 bardak ev yapımıEt suyuHveya mağazadan satın alınan sığır eti suyu

1 ons kurutulmuş porçini mantarı

2 bardak ılık su

2 yemek kaşığı zeytinyağı

2 ons doğranmış pastırma

1 doğranmış havuç

1 orta boy soğan, doğranmış

1 doğranmış kereviz

1 diş sarımsak, çok ince doğranmış

1 1/2 pound kıyma

1 1/2 bardak kuru beyaz şarap

Tuz ve taze çekilmiş karabiber

1 su bardağı taze veya konserve ithal İtalyan domatesi, doğranmış

1/4 çay kaşığı taze rendelenmiş hindistan cevizi

1. Gerekirse et suyunu hazırlayın. Orta boy bir kapta mantarları 30 dakika suda bekletin. Mantarları ıslatma sıvısından çıkarın.

Sıvıyı kağıt kahve filtresinden veya bir parça nemli tülbentten geçirerek temiz bir kaba süzün ve bir kenara koyun. Toprağın biriktiği tabana özellikle dikkat ederek mantarları akan su altında durulayın. Mantarları ince ince doğrayın.

2. Yağı büyük bir tencereye dökün. Pastırmayı ekleyin ve orta ateşte yaklaşık 5 dakika pişirin. Havucu, soğanı, kerevizi ve sarımsağı ekleyin ve sık sık karıştırarak yumuşayana ve altın rengi olana kadar yaklaşık 10 dakika daha pişirin. Sığır eti ekleyin ve topakları parçalamak için sık sık karıştırarak hafifçe kızarana kadar pişirin. Şarabı ekleyin ve 1 dakika pişirin. Tuz ve karabiberle tatlandırın.

3. Domatesleri, mantarları, hindistan cevizini ve ayrılmış mantar sıvısını ekleyin. Kaynamaya getirin. 1 saat veya sos kalınlaşana kadar pişirin. Sıcak olarak servis yapın. Önceden hazırlanıp hava geçirmez bir kapta buzdolabında 3 güne kadar, dondurucuda ise 2 aya kadar saklanabilir.

Taze otlar ile domuz eti yahnisi

Ragù di Maiale

6 bardak yapar

Natale Liberale'nin Puglia'daki evinde kocam ve ben, Abruzzo'dan gelen alla chitarra makarnasına benzeyen bu trocoli öğütülmüş domuz yahnisi, taze kare kesilmiş spagetti yedik. Özel kenarları olan ahşap oklava ile ev yapımı yumurtalı makarna tabakalarının nasıl kesileceğini bana gösteren annesi Enza tarafından yapıldı. Ragù, taze orecchiette veya fettuccine ile de iyidir.

Bitkilerin çeşitliliği Enza'nın yahnisini farklı kılıyor. Kaynadıkça sosun lezzetini derinleştiriyorlar. Taze otlar idealdir, ancak kurutulmuş fesleğenlerden kaçınmama rağmen, dondurulmuş veya kurutulmuş otlar ikame edilebilir. Fesleğen yoksa taze maydanozla değiştirin.

4 yemek kaşığı zeytinyağı

1 orta boy soğan, ince doğranmış

1 1/2 su bardağı doğranmış taze fesleğen veya düz yapraklı maydanoz

1/4 su bardağı doğranmış taze nane yaprağı veya 1 çay kaşığı kurutulmuş

1 yemek kaşığı taze doğranmış adaçayı veya 1 çay kaşığı kurutulmuş

1 çay kaşığı taze doğranmış biberiye veya 1/2 çay kaşığı kurutulmuş

1 1/2 çay kaşığı rezene tohumu

1 pound kıyma domuz eti

Tuz ve taze çekilmiş karabiber

1 1/2 bardak kuru kırmızı şarap

1 kutu (28 ons) ithal soyulmuş İtalyan domatesi, suyuyla birlikte, doğranmış

1. Yağı, soğanı, tüm otları ve rezene tohumlarını büyük bir tencereye koyun ve ısıyı orta seviyeye getirin. Soğan yumuşayana ve altın rengi olana kadar, yaklaşık 10 dakika, ara sıra karıştırarak pişirin.

2. Domuz eti ekleyin, ardından damak tadınıza göre tuz ve karabiber ekleyin. Domuz eti artık pembe olmayana kadar, topakları parçalamak için sık sık karıştırarak yaklaşık 10 dakika

pişirin. Şarabı ekleyin ve 5 dakika pişirin. Domatesleri ekleyin ve 1 saat veya sos koyulaşıncaya kadar pişirin. Sıcak olarak servis yapın. Önceden hazırlanıp hava geçirmez bir kapta buzdolabında 3 güne kadar, dondurucuda ise 2 aya kadar saklanabilir.

Yermantarlı Et Ragu

Ragu Tartufato

5 bardak yapar

Umbria'da bölgede yetişen siyah trüf mantarları pişirme süresi sonunda ragù'ya eklenir. Sosa özel bir ceviz aroması veriyorlar.

Yer mantarını çıkartabilir veya özel mağazalarda bulunan kavanozlu yer mantarını kullanabilirsiniz. Diğer bir alternatif ise biraz trüf yağı kullanmaktır. Tadı baskın olabileceğinden yalnızca dikkatli kullanın. Bu sosu taze fettuccine ile servis edin. Sosu o kadar zengin ki rendelenmiş peynire ihtiyacınız yok.

1 ons kurutulmuş porçini mantarı

2 bardak sıcak su

2 yemek kaşığı tuzsuz tereyağı

8 ons kıyma domuz eti

8 ons kıyma

2 ons dilimlenmiş pastırma, ince doğranmış

1 kereviz kaburga, ikiye bölünmüş

1 orta boy havuç, ikiye bölünmüş

1 küçük soğan, soyulmuş fakat bütün olarak bırakılmış

2 orta boy taze domates, soyulmuş, çekirdeği çıkarılmış ve doğranmış veya 1 bardak ithal İtalyan konserve domatesi, süzülmüş ve doğranmış

1 yemek kaşığı domates salçası

1 1/4 bardak ağır krema

1 küçük siyah trüf mantarı, taze veya kavanozda, ince dilimlenmiş veya birkaç damla trüf yağı

Bir tutam taze rendelenmiş hindistan cevizi

1. Porcini mantarlarını suyla birlikte bir kaseye koyun. 30 dakika kadar demlenmeye bırakın. Mantarları sıvıdan çıkarın. Sıvıyı bir kahve filtresinden veya nemlendirilmiş tülbentten geçirerek temiz, ayrılmış bir kaba boşaltın. Mantarları soğuk suyla iyice yıkayın, toprağın biriktiği sapların tabanına özellikle dikkat edin. Mantarları ince ince doğrayın.

2. Büyük bir tencerede orta ateşte tereyağını eritin. Etleri ekleyin ve et pembe rengini kaybedip kahverengileşmeyene kadar,

topakları parçalayana kadar karıştırarak pişirin. Yumuşak kalmalıdır.

3. Şarabı ekleyin ve 1 dakika pişirin. Kereviz, havuç, soğan ve mantarları ve bunların 1 su bardağı sıvısını, domatesi ve salçayı ekleyip iyice karıştırın. 1 saat kadar çok kısık ateşte pişmeye bırakıyoruz. Sos çok kuru olursa mantarların sıvısından bir miktar ekleyin.

4. Yahni 1 saat pişince kerevizi, havucu ve soğanı çıkarın. Sos bu noktaya kadar önceden hazırlanabilir. Soğumaya bırakın, ardından hava geçirmez bir kapta saklayın ve 3 güne kadar buzdolabında veya 2 aya kadar dondurucuda saklayın. Devam etmeden önce sosu tekrar ısıtın.

5. Servis yapmadan hemen önce kremayı, trüf mantarını ve hindistan cevizini acı sosa ekleyin. Yermantarının lezzetini korumak için hafifçe karıştırın ancak pişirmeyin. Sıcak olarak servis yapın.

Tereyağı ve Adaçayı Sosu

Salsa al Burro ve Adaçayı

1/2 bardak yapar

Bu o kadar basit ki onu dahil etmekte tereddüt ettim, ama taze yumurtalı makarna için klasik sos, özellikle mantı gibi doldurulmuş makarna. Taze tereyağı kullanın ve bitmiş yemeğin üzerine taze rendelenmiş Parmigiano-Reggiano peyniri serpin.

1 çubuk tuzsuz tereyağı

6 adaçayı yaprağı

Tuz ve taze çekilmiş karabiber

Parmesanlı Reggiano

Tereyağını adaçayı ile birlikte kısık ateşte eritin. 1 dakika kaynatın. Tuz ve karabiberle tatlandırın. Sıcak pişmiş makarna ile servis yapın ve Parmigiano-Reggiano peyniri ile kaplayın.

Varyasyon: Altın Tereyağı Sosu: Tereyağını hafifçe kızarana kadar birkaç dakika pişirin. Bilgeyi bir kenara bırakın. Fındık Sosu: 1/4 su bardağı kıyılmış kavrulmuş fındığı tereyağına ekleyin. Bilgeyi bir kenara bırakın.

kutsal yağ

Olio Santo

1 bardak yapar

Toskana, Abruzzo ve orta İtalya'nın diğer bölgelerindeki İtalyanlar bu yağı kutsal olarak adlandırıyorlar çünkü tıpkı kutsal yağın bazı kutsal törenlerde kullanıldığı gibi birçok çorba ve makarnayı "kutlamak" için kullanılıyor. Bu yağı çorbalara dökün veya makarnaya karıştırın. Dikkatli olun, hava çok sıcak!

Marketlerinizde bulabileceğiniz kurutulmuş biberleri kullanabilirsiniz. İtalyan pazarındaysanız paketlerde satılan biberli veya "acı biberli" ürünleri arayın.

1 yemek kaşığı ezilmiş kuru biber veya ezilmiş kırmızı biber

1 su bardağı sızma zeytinyağı

Küçük bir cam şişede biberleri ve yağı birleştirin. Örtün ve iyice çalkalayın. Kullanmadan önce 1 hafta dinlenmeye bırakın. 3 aya kadar serin ve karanlık bir yerde saklayın.

Fontina Peynir Sosu

fondü

1¾ bardak yapar

Piedmont'taki Monforte d'Alba'daki Locanda di Felicin'in sahibi Giorgio Rocca, bu zengin ve lezzetli sosu sığ yemeklerde, üzerine meze olarak traşlanmış yer mantarı veya brokoli veya kuşkonmaz gibi sebzelerin üzerinde servis ediyor. Dene<u>Patatesli Gnocchi</u>, fazla.

2 büyük yumurta sarısı

1 bardak ağır krema

1 1/2 pound Fontina Valle d'Aosta, 1/2 inç küpler halinde kesilmiş

> Küçük bir tencerede yumurta sarılarını ve kremayı karıştırın. Peyniri ekleyin ve orta ateşte sürekli karıştırarak peynir eriyene ve sos pürüzsüz hale gelinceye kadar yaklaşık 2 dakika pişirin. Sıcak olarak servis yapın.

Beşamel sos

Balzamik sos

Yaklaşık 4 bardak yapar

Bu temel beyaz sos genellikle peynirle birleştirilir ve makarnalarda veya fırında sebzelerde kullanılır. Tarif kolaylıkla yarıya indirilebilir.

1 litre süt

6 yemek kaşığı tuzsuz tereyağı

5 yemek kaşığı un

Tatmak için tuz ve taze çekilmiş karabiber.

Bir tutam taze rendelenmiş hindistan cevizi

1. Sütü orta boy bir tencerede, kenar çevresinde küçük kabarcıklar oluşana kadar ısıtın.

2. Orta-düşük ateşte büyük bir tencerede tereyağını eritin. Unu ekleyin ve iyice karıştırın. 2 dakika pişirin.

3. Sütü yavaş yavaş ince bir akış halinde, bir çubuk karıştırıcıyla karıştırarak eklemeye başlayın. Sos ilk başta kalın ve topak

topak olacak, ancak geri kalanını ekledikçe yavaş yavaş gevşeyecek ve pürüzsüz hale gelecektir.

4. Sütün tamamı eklendiğinde tuz, karabiber ve hindistan cevizini ekleyin. Isıyı orta dereceye yükseltin ve karışım kaynayana kadar sürekli karıştırın. 2 dakika daha pişirin. Ateşten alın. Bu sos servisten 2 gün öncesine kadar hazırlanabilir. Bir kaba dökün, bir parça plastik ambalajı doğrudan yüzeye yerleştirin ve kabuk oluşmasını önlemek için sıkıca kapatın, ardından buzdolabında saklayın. Kullanmadan önce kısık ateşte tekrar ısıtın, çok koyu olursa biraz daha süt ekleyin.

Sarımsaklı sos

Agliata

1 1/2 bardak yapar

Sarımsak sosu, haşlanmış veya kavrulmuş et, tavuk veya balıkla birlikte servis edilebilir. Hızlı bir yemek için sıcak pişmiş makarnayla bile karıştırdım. Bu versiyon Piedmont'tan, ancak Sicilya'da cevizsiz agliata da yapmıştım. Kavrulmuş cevizlerin verdiği tadı seviyorum.

2 sarımsak

2 veya 3 dilim kabuksuz İtalyan ekmeği

1 1/2 su bardağı kavrulmuş ceviz

1 su bardağı sızma zeytinyağı

Tuz ve taze çekilmiş karabiber

1. Bir mutfak robotu veya blenderde sarımsak, ekmek, ceviz, tuz ve karabiberi tatlandırın. İnce doğranana kadar işleyin.

2. Makine çalışırken yavaş yavaş yağı ekleyin. Sos kalın ve pürüzsüz hale gelinceye kadar işlem yapın.

3. Servis yapmadan önce 1 saat oda sıcaklığında bekletin.

yeşil sos

yeşil sos

1½ bardak yapar

İtalya'nın her yerinde salsa verde'yi şu ya da bu biçimde yemiş olmama rağmen, bu versiyon benim favorim çünkü ekmek ona kremsi bir doku veriyor ve maydanozun sıvı içinde asılı kalmasına yardımcı oluyor. Aksi takdirde maydanoz ve diğer katı maddeler dibe çökme eğilimi gösterir. Salsa verde'yi klasik haşlanmış et yemeği Bollito Misto (<u>Karışık Haşlanmış Etler</u>), ızgara veya kavrulmuş balıkla veya dilimlenmiş domates, haşlanmış yumurta veya buharda pişirilmiş sebzelerle. İmkanlar sonsuzdur.

3 su bardağı sıkıştırılmamış taze düz yapraklı maydanoz

1 tane sarımsak

¼ bardak kabuksuz İtalyan veya Fransız ekmeği, kovalarda

6 hamsi filetosu

3 yemek kaşığı süzülmüş kapari

1 su bardağı sızma zeytinyağı

2 yemek kaşığı kırmızı veya beyaz şarap sirkesi

Sal

1. Bir mutfak robotunda maydanozu ve sarımsağı ince ince doğrayın. Ekmek küplerini, hamsiyi ve kapariyi ekleyip ince ince doğranana kadar işleyin.

2. Makine çalışırken yağı, sirkeyi ve bir tutam tuzu ekleyin. Karıştırdıktan sonra baharatın tadına bakın; gerektiği gibi ayarlayın. Örtün ve oda sıcaklığında iki saate kadar veya daha uzun süre saklamak için buzdolabında saklayın.

Sicilya Sarımsağı ve Kapari Sosu

Ammoghiu

Yaklaşık 2 bardak yapar

Sicilya kıyılarındaki Pantelleria adası, mükemmel kaparileri kadar aromatik Muscat di Pantelleria tatlı şarabıyla da tanınır. Kapari adanın her yerinde yabani olarak gelişip büyüyor. İlkbaharda bitkiler güzel pembe ve beyaz çiçeklerle kaplıdır. Çiçeklerin açılmamış kozaları, bir başka yerel lezzet olan kaba deniz tuzunda toplanıp muhafaza edilen kaparidir. Sicilyalılar, tuzun kaparilerin taze tadını sirkeden daha iyi koruduğuna inanırlar.

Kapari, domates ve bol miktarda sarımsaktan oluşan bu çiğ sos, balık veya makarna için Sicilya'nın favorisidir. Bunu servis etmenin bir yolu çıtır çıtır kızarmış balık veya kalamardır.

8 soyulmuş sarımsak

1 bardak fesleğen yaprağı, durulanmış ve kurutulmuş

1 1/2 su bardağı taze maydanoz yaprağı

Biraz kereviz yaprağı

6 adet taze armut domates, soyulmuş ve çekirdeği çıkarılmış

2 yemek kaşığı kapari, durulanmış ve süzülmüş

1 1/2 su bardağı sızma zeytinyağı

Tuz ve taze çekilmiş karabiber

1. Bir mutfak robotunda sarımsak, fesleğen, maydanoz ve kereviz yapraklarını ince ince doğrayın. Domatesleri ve kaparileri ekleyin ve pürüzsüz hale gelinceye kadar işleyin.

2. Makine çalışırken yavaş yavaş zeytinyağını, tuzu ve karabiberi damak tadınıza göre ekleyin. Pürüzsüz ve iyice karışana kadar işlem yapın. Servis yapmadan önce 1 saat bekletin. Oda sıcaklığında servis yapın.

Maydanoz ve yumurta sosu

Salsa di Parzemolo ve Yumurta

2 bardak yapar

Trentino – Alto Adige'de bu sos taze bahar kuşkonmazıyla servis ediliyor. Haşlanmış yumurtalar ona zengin bir tat ve kremsi bir doku kazandırır. Haşlanmış tavuk, somon veya yeşil fasulye ve kuşkonmaz gibi sebzelerle iyi gider.

4 büyük yumurta

1 bardak taze düz yapraklı maydanoz, hafifçe paketlenmiş

2 yemek kaşığı kapari, durulanmış, süzülmüş ve doğranmış

1 tane sarımsak

1 çay kaşığı limon kabuğu rendesi

1 su bardağı sızma zeytinyağı

1 yemek kaşığı taze limon suyu

Tuz ve taze çekilmiş karabiber

1.· Yumurtaları üzerini örtecek kadar soğuk suyla küçük bir tencereye koyun. Suyu kaynama noktasına getirin. 12 dakika pişirin. Yumurtaları soğuk akan su altında soğumaya bırakın. Süzün ve soyun. Yumurtaları doğrayıp bir kaseye koyun.

2. Maydanozu, kapari ve sarımsağı mutfak robotunda veya elinizle çok ince doğrayın. Bunları yumurtaların olduğu kaseye aktarın.

3. Limon kabuğu rendesini ekleyin. Bir çırpma teli kullanarak, tadına göre yağ, limon suyu, tuz ve karabiber ekleyin. Bir sos tavasına dökün. Örtün ve 1 saat veya gece boyunca soğutun.

4. Servis yapmadan en az yarım saat önce sosu buzdolabından çıkarın. İyice karıştırın ve baharatın tadına bakın.

Varyasyon: 1 yemek kaşığı doğranmış taze soğanı ekleyin.

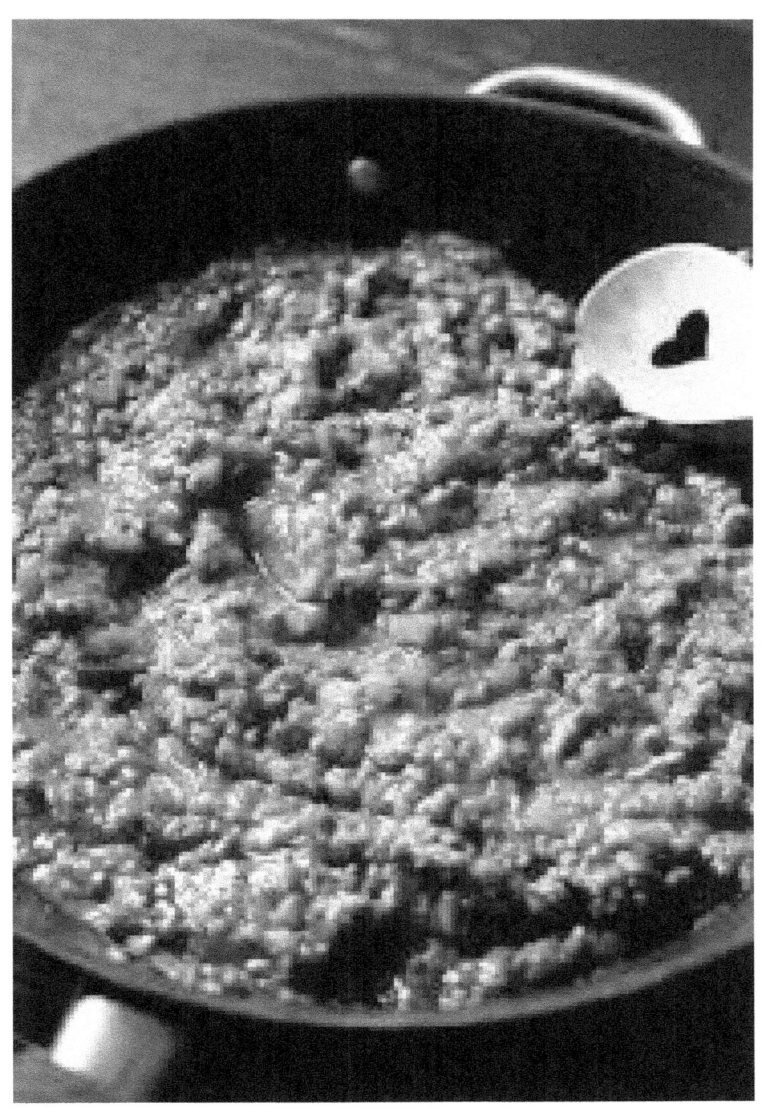

Kırmızı biber ve domates sosu

Bagnetto Rosso

Yaklaşık 2 pint yapar

Kuzey İtalya'nın Piedmont kentinde bu sos, sebzelerin bol olduğu yaz aylarında büyük partiler halinde yapılır. Sos, haşlanmış et veya tavuk, makarna, tortilla veya çiğ sebzelerle kullanıldığından adı "kırmızı banyo" anlamına gelir.

4 büyük kırmızı biber, doğranmış

1 su bardağı soyulmuş, çekirdeği çıkarılmış ve doğranmış taze domates

1 orta boy soğan, doğranmış

2 yemek kaşığı zeytinyağı

1 yemek kaşığı şarap sirkesi

1 çay kaşığı şeker

Bir tutam ezilmiş kırmızı biber

Öğütülmüş tarçın çubuğu

1. Büyük bir tencerede tüm malzemeleri birleştirin. Tencerenin kapağını kapatıp kısık ateşte pişirin. Kaynamaya getirin. (Yakmamaya dikkat edin. Yeterli sıvı yoksa biraz su ekleyin). Biberler iyice yumuşayana kadar ara sıra karıştırarak 1 saat pişirin.

2. Hafifçe soğumaya bırakın. Malzemeleri bir yiyecek değirmeninden geçirin veya bir blender veya mutfak robotunda pürüzsüz hale gelinceye kadar işleyin. Baharat için tadın. Sosu hava geçirmez kaplara aktarın ve 1 haftaya kadar buzdolabında veya üç aya kadar dondurun. Oda sıcaklığında servis yapın.

Zeytin sosu

Zeytin sosu

Yaklaşık 1 bardak yapar

Crostini için hızlı bir garnitür veya ızgara etler için bu kolay sos için kavanozlu zeytin ezmesini elinizde bulundurmak kullanışlıdır. İnce doğranmış zeytinlerle değiştirilebilirler. Bu, rosto sığır eti üzerinde veya ekmek veya focaccia için bir sos olarak harikadır.

1 1/2 su bardağı siyah zeytin ezmesi

1 diş sarımsak, soyulmuş ve bıçağın yan tarafıyla düzleştirilmiş

1 yemek kaşığı şeritler halinde kesilmiş taze biberiye

1 1/2 su bardağı sızma zeytinyağı

1 ila 2 yemek kaşığı balzamik sirke

Orta boy bir kapta zeytin ezmesini, sarımsağı, biberiyeyi, yağı ve sirkeyi karıştırın. Sos çok kalınsa biraz daha yağla inceltin. En az 1 saat oda sıcaklığında bekletin. Servis yapmadan önce sarımsakları çıkarın.

Güneşte Kurutulmuş Domates Sosu

Secchi Domates Sosu

Yaklaşık 3/4 bardak yapar

Bu sosu bifteklerin, rosto sığır etinin veya soğuk domuz etinin üzerine veya meze olarak bir parça yumuşak keçi peynirinin üzerine gezdirin.

1 1/2 su bardağı güneşte kurutulmuş domates, marine edilmiş ve süzülmüş, ince doğranmış

2 yemek kaşığı kıyılmış taze maydanoz

1 yemek kaşığı doğranmış kapari

1 1/2 su bardağı sızma zeytinyağı

1 yemek kaşığı balzamik sirke

Taze çekilmiş karabiber

Orta boy bir kapta tüm malzemeleri karıştırın. Servis yapmadan önce oda sıcaklığında 1 saat bekletin. Oda sıcaklığında servis yapın. Hava geçirmez bir kapta buzdolabında 2 güne kadar saklayın.

Molise usulü biber sosu

Biber sosu

Yaklaşık 1 bardak yapar

Molise, İtalya'nın en küçük ve en fakir bölgelerinden biri ama yemekleri lezzet dolu. Kavrulmuş veya kavrulmuş et veya tavuk için çeşni olarak lehçede jevezarola adı verilen bu baharatlı biber sosunu deneyin. Izgara ton balığını bile severim. Kendinizinkini kullanabilirsinizSirkeli biberveya mağazadan satın alınan çeşitlilik. Baharatlı yiyecekleri seviyorsanız, biraz sıcak kırmızı biber turşusu ekleyin.

1 su bardağı kırmızı biber turşusu, süzülmüş

1 orta boy soğan, doğranmış

1 kaşık şeker

4 yemek kaşığı zeytinyağı

1. Biberleri, soğanı ve şekeri bir mutfak robotuna veya karıştırıcıya yerleştirin. Pürüzsüz olana kadar karıştır. Yağı ekleyin ve iyice sıvılaştırın.

2. Karışımı küçük, ağır bir tencereye dökün. Sık sık karıştırarak, iyice koyulaşana kadar yaklaşık 45 dakika pişirin. Ateşten alın ve servis yapmadan önce soğumaya bırakın. Oda sıcaklığında servis yapın. Hava geçirmez bir kapta buzdolabında 1 aya kadar saklayabilirsiniz.

Zeytinyağlı mayonez

mayonez

1 bardak yapar

Ev yapımı mayonez, örneğin olgun domates, haşlanmış yumurta, ısıtılmış balık, dilimlenmiş tavuk veya sandviç üzerine sürülerek sade bir şekilde servis edildiğinde fark yaratır. Bunu yapmak için hafif aromalı sızma zeytinyağı kullanmayı veya tam aromalı bir yağı bitkisel yağla karıştırmayı seviyorum. Mayonezi el mikseri ile elle yapın veya elektrikli mikser kullanın.

Çiğ yumurtalardaki Salmonella son yıllarda büyük ölçüde azaldı, ancak şüpheniz varsa, kavanozlanmış mayonezi birkaç damla zeytinyağı ve taze limon suyuyla tatlandırarak makul bir alternatif oluşturabilirsiniz.

2 büyük yumurta sarısı, oda sıcaklığında

2 yemek kaşığı taze limon suyu

1 1/4 çay kaşığı tuz

1 su bardağı sızma zeytinyağı veya 1/2 su bardağı bitkisel yağ artı 1/2 su bardağı sızma zeytinyağı

1. Orta boy bir kapta yumurta sarısını, limon suyunu ve tuzu soluk sarı ve kalın bir kıvama gelinceye kadar çırpın.

2. Karışım kalınlaşmaya başlayıncaya kadar yavaş yavaş yağı damla damla ekleyerek çırpmaya devam edin. Kalınlaştıkça kalan yağı daha sık karıştırın ve daha fazlasını eklemeden önce emildiğinden emin olun. Herhangi bir noktada yağın emilmesi durursa, yağı eklemeyi bırakın ve sos tekrar pürüzsüz hale gelinceye kadar hızla çırpın.

3. Saunayı test edin ve ayarlayın. Hemen servis yapın veya üzerini kapatıp 2 güne kadar buzdolabında saklayın.

Varyasyon: Bitkisel mayonez: 2 yemek kaşığı ince kıyılmış taze fesleğen veya maydanozu ekleyin. Limonlu Mayonez: 1/2 çay kaşığı rendelenmiş taze limon kabuğu rendesi ekleyin.

Sarımsak, yağ ve acı biberli Linguini

Linguine Aglio, Olio ve Peperoncino

4 ila 6 porsiyon yapar

Sarımsak, meyveli sızma zeytinyağı, maydanoz ve acı biber bu en lezzetli makarnanın basit baharatlarıdır. Taze sarımsak ve maydanoz gibi tam aromalı bir zeytinyağı da önemlidir. Yağın güçlü tada doyması için sarımsağı yavaşça pişirin. Sarımsakların altın renginden fazla dönmesine izin vermeyin, aksi takdirde acı ve buruk hale gelir. Bazı aşçılar maydanozu atlıyor ama ben onun kattığı taze tadı seviyorum.

1 1/2 su bardağı sızma zeytinyağı

İnce dilimlenmiş 4 ila 6 büyük diş sarımsak

1/2 çay kaşığı ezilmiş kırmızı biber

1/3 su bardağı doğranmış taze düz yapraklı maydanoz

Sal

1 pound linguine veya spagetti

1. Pişen makarnaları alacak büyüklükte bir tavaya yağı dökün. Sarımsak ve ezilmiş kırmızı biberi ekleyin. Orta ateşte, sık sık karıştırarak, sarımsak koyu altın rengine gelinceye kadar yaklaşık 4 ila 5 dakika pişirin. Maydanozu ekleyip ateşi kapatın.

2. En az 4 litre soğuk suyu kaynatın. 2 yemek kaşığı tuzu ve ardından makarnayı ekleyin, makarna tamamen suyla kaplanana kadar aşağı doğru bastırın. Makarna al dente, yumuşak ama ısırmaya dayanıklı hale gelinceye kadar sık sık karıştırarak yüksek ateşte pişirin. Pişirme suyunun bir kısmını ayırın. Makarnayı süzün ve sosla birlikte tavaya ekleyin.

3. Orta ateşte, makarna sosla iyice kaplanana kadar karıştırarak pişirin. Makarna kuru görünüyorsa, ayrılmış pişirme suyundan biraz ekleyin. Derhal servis yapın.

Varyasyon: Sarımsakla birlikte siyah veya yeşil zeytin, kapari veya doğranmış hamsi ekleyin. Üzerine zeytinyağında kızartılmış galeta unu veya rendelenmiş peynir serperek servis yapın.

Sarımsaklı ve Zeytinli Spagetti

Aglio ve Zeytinli Spagetti

4 ila 6 porsiyon yapar

Bu hızlı makarna sosunu doğrayıp doğradığınız zeytinlerle de yapabilirsiniz ancak hazır zeytinli makarna daha kullanışlıdır. Zeytin ezmesi ve zeytinler tuzlu olabileceğinden bu yemeğe rendelenmiş peynir eklemeyin.

1 1/4 su bardağı zeytinyağı

3 diş sarımsak, ince dilimlenmiş

Bir tutam ezilmiş kırmızı biber

1/4 su bardağı yeşil zeytin ezmesi veya isteğe göre 1 su bardağı doğranmış çekirdekleri çıkarılmış yeşil zeytin

2 yemek kaşığı kıyılmış taze maydanoz

Sal

1 pound spagetti veya linguini

1. Pişen makarnaları alacak büyüklükte bir tavaya yağı dökün. Sarımsak ve ezilmiş kırmızı biberi ekleyin. Sarımsak derin altın rengi kahverengi olana kadar orta ateşte yaklaşık 4 ila 5 dakika pişirin. Zeytin ezmesini veya zeytinleri ve maydanozu ekleyip tavayı ocaktan alın.

2. Büyük bir tencerede 4 litre suyu kaynatın. 2 yemek kaşığı tuzu ve ardından makarnayı ekleyin, makarna tamamen suyla kaplanana kadar yavaşça aşağı doğru bastırın. Makarna al dente, yumuşak ama ısırmaya dayanıklı hale gelinceye kadar sık sık karıştırarak yüksek ateşte pişirin. Pişirme suyunun bir kısmını ayırın. Makarnayı süzün ve sosla birlikte tavaya ekleyin.

3. Orta ateşte, makarna sosla iyice kaplanana kadar karıştırarak pişirin. Makarna kuru görünüyorsa biraz sıcak pişirme suyu ekleyin. Derhal servis yapın.

Pestolu Linguini

Pesto dili

4 ila 6 porsiyon yapar

Ligurya'da pesto, sarımsak ve otların havanda kalın bir macun oluşana kadar öğütülmesiyle yapılır. Burada hafif bir tada sahip ve yarım inçten uzun olmayan minik yaprakları olan bir çeşit fesleğen kullanılıyor. Yaptığı pesto, Amerika'daki fesleğenden çok daha incelikli. Ligurya pestosunun tadına yaklaşmak için biraz düz yapraklı maydanoz ekliyorum. Maydanoz rengini fesleğenden daha iyi korur; fesleğen doğrandığında kararma eğilimi gösterir, böylece pesto kadifemsi bir yeşil kalır. Liguria'ya seyahat ediyorsanız ve bahçecilikten hoşlanıyorsanız, bir paket küçük fesleğen tohumu satın alın ve bunları evinizin bahçesinde yetiştirin. İtalya'dan eve paketlenmiş tohum getirmek yasak değil.

1 bardak iyice sıkıştırılmış fesleğen yaprağı, durulanmış ve kurutulmuş

1/4 bardak taze düz yapraklı maydanoz iyice sıkıştırılır, durulanır ve kurutulur

2 yemek kaşığı beyazlatılmış çam fıstığı veya badem

1 tane sarımsak

kaba tuz

1/3 su bardağı sızma zeytinyağı

1 kiloluk linguini

1/2 bardak taze rendelenmiş Parmigiano-Reggiano

2 yemek kaşığı tuzsuz tereyağı, yumuşatılmış

1. Bir mutfak robotunda fesleğen ve maydanoz yapraklarını çam fıstığı, sarımsak ve bir tutam tuzla birlikte çok ince oluncaya kadar doğrayın. Yavaş yavaş zeytinyağını ince bir akış halinde ekleyin ve pürüzsüz hale gelinceye kadar karıştırın. Baharat için tadın.

2. Büyük bir tencerede 4 litre suyu kaynatın. 2 yemek kaşığı tuzu ve ardından makarnayı ekleyin, makarna tamamen suyla kaplanana kadar yavaşça aşağı doğru bastırın. İyice karıştırın. Makarna al dente, yumuşak ama ısırmaya dayanıklı hale gelinceye kadar sık sık karıştırarak pişirin. Pişirme suyunun bir kısmını ayırın. Makarnayı boşaltın.

3. Sıcak servis yapmak için makarnayı geniş bir kaseye koyun. Pesto, peynir ve tereyağını ekleyin. Gerekirse pestoyu inceltmek

için ayrılmış makarna suyundan biraz ekleyerek iyice karıştırın. Derhal servis yapın.

Cevizli ince spagetti

Noci'li Spagettini

4 ila 6 porsiyon yapar

Bu genellikle Etsiz Cuma yemeklerinde yenen bir Napoliten tarifi. Bu makarna sosu için cevizin çok ince kıyılması gerekiyor ki parçalar makarnaya yapışsın. İsterseniz bunları bir bıçakla doğrayın veya bir mutfak robotu kullanın, ancak fazla işleyerek macun haline getirmeyin.

1 1/4 su bardağı zeytinyağı

3 diş sarımsak, hafifçe ezilmiş

1 su bardağı ince kıyılmış ceviz

Sal

1 pound spagetti, ince linguine veya erişte

1 1/2 bardak taze rendelenmiş Roman Pecorino

Taze çekilmiş karabiber

2 yemek kaşığı kıyılmış taze maydanoz

1. Makarnayı alacak büyüklükte bir tavaya yağı dökün. Sarımsakları ekleyin ve orta ateşte, sarımsağı ara sıra bir kaşığın arkasıyla bastırarak altın rengi oluncaya kadar yaklaşık 3 ila 4 dakika pişirin. Sarımsakları tavadan çıkarın. Cevizleri ekleyin ve hafifçe kızarana kadar yaklaşık 5 dakika pişirin.

2. Geniş bir tencerede en az 4 litre suyu kaynatın. 2 yemek kaşığı tuzu, ardından makarnayı ekleyin. İyice karıştırın. Makarna al dente, yumuşak ama ısırmaya dayanıklı hale gelinceye kadar sık sık karıştırarak yüksek ateşte pişirin. Makarnayı boşaltın ve pişirme suyunun bir kısmını ayırın.

3. Makarnayı ceviz sosuyla ve nemli tutmaya yetecek kadar pişirme suyuyla karıştırın. Peyniri ve bol miktarda karabiber ekleyin. İyice karıştırın. Maydanozu ekleyip hemen servis yapın.

Güneşte kurutulmuş domatesli Linguini

Pomodori Secchi ile Linguine

4 ila 6 porsiyon yapar

Kilerde marine edilmiş bir kavanoz güneşte kurutulmuş domates ve beklenmedik misafirler, bu hızlı makarna yemeğine ilham kaynağı oldu. Marine edilmiş güneşte kurutulmuş domateslerin çoğunun paketlendiği yağ genellikle en yüksek kalitede değildir, bu yüzden onu süzüp bu kolay sosa kendi sızma zeytinyağımı eklemeyi tercih ederim.

1 kavanoz (yaklaşık 6 ons) marine edilmiş güneşte kurutulmuş domates, süzülmüş

1 diş küçük sarımsak

1 1/4 su bardağı sızma zeytinyağı

1 yemek kaşığı balzamik sirke

Sal

1 kiloluk linguini

6 taze fesleğen yaprağı, istiflenmiş ve ince şeritler halinde kesilmiş

1. Bir mutfak robotu veya blenderde domatesleri ve sarımsakları birleştirin ve ince bir şekilde doğranana kadar işleyin. Yavaş yavaş yağı ve sirkeyi ekleyin ve pürüzsüz hale gelinceye kadar karıştırın. Baharat için tadın.

2. Geniş bir tencerede en az 4 litre suyu kaynatın. 2 yemek kaşığı tuzu ve ardından makarnayı ekleyin, makarna tamamen suyla kaplanana kadar yavaşça aşağı doğru bastırın. İyice karıştırın. Makarna al dente, yumuşak ama ısırmaya dayanıklı hale gelinceye kadar sık sık karıştırarak yüksek ateşte pişirin. Pişirme suyunun bir kısmını ayırın. Makarnayı boşaltın.

3. Büyük bir kapta makarnayı domates sosu ve taze fesleğenle karıştırın, gerekirse makarna suyundan biraz ekleyin. Derhal servis yapın.

Varyasyon: Makarna ve sosa, süzülmüş zeytinyağına paketlenmiş bir kutu ton balığı ekleyin. Veya biraz doğranmış siyah zeytin veya hamsi ekleyin.

Biber, pecorino ve fesleğenli spagetti

Biberli spagetti

4 ila 6 porsiyon yapar

Spagetti, linguini veya diğer uzun makarnaları kaşık ve çatalla yemek, İtalya'da görgü kuralları olarak görülmediği gibi, makarnanın makarna parçalarını kısa parçalara ayırmak da sayılmaz. Çocuklara çok küçük yaşlardan itibaren makarna parçalarını çatalın etrafında döndürmeleri ve çiğnemeden yavaş yavaş yemeleri öğretilir.

Bir rivayete göre 19. yüzyılın ortalarında üç uçlu çatal bu amaçla icat edilmiştir. O zamana kadar makarna her zaman elle yenirdi ve çatalların yalnızca iki ucu vardı çünkü bunlar esas olarak eti delmek için kullanılıyordu. Napoli Kralı II. Ferdinand, aptal Cesare Spadaccini'den saray ziyafetlerinde uzun makarna servis etmenin bir yolunu bulmasını istedi. Spadaccini üç uçlu bir çatal buldu, gerisi tarih oldu.

Taze acı biberler Calabria mutfağının tipik bir örneğidir. Burada biberle birleştirilip spagetti ile servis ediliyor. Rendelenmiş pecorino, biber ve fesleğenin tatlılığına hoş, tuzlu bir karşı noktadır.

1 1/4 su bardağı zeytinyağı

4 büyük kırmızı biber, ince şeritler halinde kesilmiş

1 veya 2 küçük taze biber (çekirdeği çıkarılmış ve doğranmış) veya bir tutam ezilmiş kırmızı biber

Sal

2 diş sarımsak, ince dilimlenmiş

12 taze fesleğen yaprağı, ince şeritler halinde kesilmiş

1/3 su bardağı taze rendelenmiş Roman Pecorino

1 pound spagetti

1. Pişmiş makarnayı alacak kadar büyük bir tavada yağı orta ateşte ısıtın. Biberleri, pul biberi ve tuzu ekleyin. Ara sıra karıştırarak 10 dakika pişirin.

2. Sarımsağı ekleyin. Kapağını kapatıp 10 dakika daha veya biberler iyice yumuşayana kadar pişirin. Ateşten alıp fesleğeni ekleyin.

3. Geniş bir tencerede en az 4 litre suyu kaynatın. 2 yemek kaşığı tuzu ve ardından makarnayı ekleyin, makarna tamamen suyla

kaplanana kadar yavaşça aşağı doğru bastırın. İyice karıştırın. Spagetti al dente, yumuşak ama yine de ısırmaya karşı sert olana kadar sık sık karıştırarak pişirin. Pişirme suyunun bir kısmını ayırın. Makarnayı süzün ve sosla birlikte tavaya ekleyin.

4. Orta ateşte sürekli karıştırarak 1 dakika kadar pişirin. Biraz ayrılmış makarna suyundan ekleyerek iyice karıştırın. Peyniri ekleyip tekrar karıştırın. Derhal servis yapın.

Kabak, fesleğen ve yumurtalı penne

Kabak ve yumurtalı penne

4 ila 6 porsiyon yapar

Makarnanın Çin'de "icat edildiği" ve Marco Polo tarafından İtalya'ya getirildiği efsanesi devam ediyor. Polo ziyaret ettiğinde Çin'de erişte yeniyor olsa da makarna, 1279'da Venedik'e dönmeden çok önce İtalya'da iyi biliniyordu. Arkeologlar, oklava ve kesme tekerleği gibi makarna yapmak için kullanılan modern aletlere benzeyen çizimler ve mutfak aletleri buldular. MÖ 4. yüzyıldan kalma bir Etrüsk mezarında. C., Roma'nın kuzeyinde. Efsane muhtemelen Hollywood'un Gary Cooper'ın başrol oynadığı 1930 yapımı bir filmde Venedikli kaşifi canlandırmasına atfedilebilir.

Bu Napoliten tarifinde, makarna ve sebzelerden gelen ısı, yumurtaları kremsi ve hafif kıvrılıncaya kadar pişirir.

4 orta boy kabak (yaklaşık 1 1/4 pound), yıkanmış

1/3 su bardağı zeytinyağı

1 küçük soğan ince doğranmış

Tuz ve taze çekilmiş karabiber

3 büyük yumurta

1/2 bardak taze rendelenmiş Roman Pecorino veya Parmigiano-Reggiano

1 kilo penne

1 1/2 su bardağı doğranmış taze maydanoz veya fesleğen

1. Kabağı yaklaşık 1 1/2 inç uzunluğunda 1/4 inç kalınlığında dilimler halinde kesin. Parçaları üfleyerek kurutun.

2. Pişen makarnaları alacak büyüklükte bir tavaya yağı dökün. Soğanı ekleyin ve orta ateşte ara sıra karıştırarak yumuşayana kadar yaklaşık 5 dakika pişirin. Kabağı ekleyin ve sık sık karıştırarak, hafifçe kızarana kadar yaklaşık 10 dakika pişirin. Tuz ve karabiberle tatlandırın.

3. Orta boy bir kapta yumurtaları peynir, tuz ve karabiberle çırpın.

4. Kabak pişerken geniş bir tencerede yaklaşık 4 litre suyu kaynatın. 2 yemek kaşığı tuz ve makarnayı ekleyin. İyice karıştırın. Makarna al dente, yumuşak ama ısırmaya dayanıklı hale gelinceye kadar sık sık karıştırarak yüksek ateşte pişirin. Pişirme suyunun bir kısmını ayırın. Makarnayı süzün ve sosla birlikte tavaya ekleyin.

5. Makarnayı yumurtalı karışımla karıştırın. Fesleğen ekleyin ve iyice karıştırın. Makarna kuru görünüyorsa biraz pişirme suyu ekleyin. Bol miktarda karabiber ekleyin ve hemen servis yapın.

Bezelye ve Yumurtalı Makarna

Bezelyeli Makarna

4 porsiyon yapar

Ben küçükken annem bu yemeği eski usulle sık sık yapardı. Konserve bezelye kullandı ama ben dondurulmuş bezelye kullanmayı seviyorum çünkü daha taze bir tada ve daha sıkı bir dokuya sahipler. Spagettiyi küçük parçalara ayırmak geleneğe aykırı görünebilir ancak bu, tarifin kökenine dair bir ipucudur. İnsanlar fakir olduğunda ve beslenecek çok boğaz olduğunda, malzemeler daha fazla su eklenerek ve çorbaya dönüştürülerek kolaylıkla uzatılabilirdi.

Bu, hemen hazırlayabileceğim hazır yemeklerden biri çünkü dondurucuda bir paket bezelye, kilerde makarna ve buzdolabında birkaç yumurta olmadan nadiren kalıyorum. Bezelye, yumurta ve makarna oldukça doyurucu olduğundan genellikle bu miktarı 4 porsiyon yapıyorum. 6 ila 8 porsiyon istiyorsanız yarım kilo makarna ekleyin.

1 1/4 su bardağı zeytinyağı

1 büyük soğan, ince dilimlenmiş

1 paket (10 ons) dondurulmuş küçük bezelye, kısmen çözülmüş

Tuz ve taze çekilmiş karabiber

2 büyük yumurta

1/2 bardak taze rendelenmiş Parmigiano-Reggiano

1 1/2 poundluk spagetti veya linguini, 2 inçlik parçalar halinde kesilmiş

1. Makarnayı alacak büyüklükte bir tavaya yağı dökün. Soğanı ekleyin ve orta ateşte, ara sıra karıştırarak, soğan yumuşayana ve hafifçe kızarana kadar yaklaşık 12 dakika pişirin. Bezelyeleri ekleyin ve bezelyeler yumuşayana kadar 5 dakika daha pişirin. Tuz ve karabiberle tatlandırın.

2. Orta boy bir kapta yumurtaları peynir, tuz ve karabiberle çırpın.

3. Geniş bir tencerede en az 4 litre suyu kaynatın. 2 yemek kaşığı tuzu, ardından makarnayı ekleyin. İyice karıştırın. Yüksek ateşte, sık sık karıştırarak, makarnalar yumuşayıncaya kadar fakat hafifçe pişene kadar pişirin. Makarnayı boşaltın ve pişirme suyunun bir kısmını ayırın.

4. Makarnayı bezelyeyle birlikte tavaya karıştırın. Yumurta karışımını ekleyin ve kısık ateşte sürekli karıştırarak,

yumurtalar hafifçe kıvrılana kadar yaklaşık 2 dakika pişirin. Makarna kuru görünüyorsa biraz pişirme suyu ekleyin. Derhal servis yapın.

Yeşil fasulye, domates ve fesleğenli Linguini

Fagiolini ile Lingiune

4 ila 6 porsiyon yapar

Ricotta salata, ricotta'nın tuzlu, preslenmiş bir şeklidir. Bulamazsanız yumuşak, tuzsuz beyaz peynir veya taze ricotta ve rendelenmiş pecorino ile değiştirin. Bu makarna Puglia'ya özgüdür.

12 ons egzotik, doğranmış

Sal

1 1/4 su bardağı zeytinyağı

1 diş ince kıyılmış sarımsak

5 orta boy domates, soyulmuş, çekirdekleri çıkarılmış ve doğranmış (yaklaşık 3 bardak)

Taze çekilmiş karabiber

1 kiloluk linguini

1 1/2 su bardağı doğranmış taze fesleğen

1 su bardağı rendelenmiş ricotta salatası, yumuşak beyaz peynir veya taze ricotta

1. Yaklaşık 4 litre suyu kaynatın. Tatlandırmak için yumuşak fasulyeleri ve tuzu ekleyin. 5 dakika veya yumuşak ve gevrek oluncaya kadar pişirin. Yumuşak fasulyeleri bir kevgir veya süzgeçle çıkarın ve suyunu saklayın. Fasulyeleri kurulayın. Fasulyeleri 1 inçlik parçalar halinde kesin.

2. Pişen makarnaları alacak büyüklükte bir tavaya yağı dökün. Sarımsakları ekleyin ve orta-düşük ateşte, hafifçe kızarana kadar yaklaşık 2 dakika pişirin.

3. Tatmak için domatesleri, tuzu ve karabiberi ekleyin. Domatesler koyulaşıncaya ve meyve suları buharlaşana kadar ara sıra karıştırarak pişirin. Fasulyeleri ekleyin. 5 dakika daha kaynatın.

4. Bu arada su dolu tencereyi tekrar kaynatın. 2 yemek kaşığı tuz ve ardından linguini ekleyin, makarna tamamen suyla kaplanana kadar yavaşça aşağı doğru bastırın. Makarna al dente, yumuşak ama ısırmaya dayanıklı hale gelinceye kadar sık sık karıştırarak yüksek ateşte pişirin. Pişirme suyunun bir kısmını ayırın. Makarnayı süzün ve sosla birlikte tavaya ekleyin.

5. Linguini'yi tavada sosla karıştırın. Fesleğen ve peyniri ekleyin ve orta ateşte peynir kremsi hale gelinceye kadar tekrar karıştırın. Derhal servis yapın.

Patates ve Roka Kremalı Kulaklar

Crema di Patate'li Orecchiette

4 ila 6 porsiyon yapar

Vahşi roket Puglia'nın her yerinde büyüyor. Çıtır çıtırdır, testere şeklindeki dar bıçağı ve çekici fındıksı tadı vardır. Yapraklar çiğ olarak yenir ve genellikle makarnayla birlikte pişirilir. Patatesler nişastalıdır, ancak İtalya'da sıradan bir sebze olarak kabul edilirler, bu nedenle özellikle Puglia'da patateslerin makarnayla birlikte servis edilmesine herhangi bir itiraz yoktur. Patatesler yumuşayana kadar pişirilir, ardından pişirme suyuyla krema kıvamına gelinceye kadar ezilir.

2 orta boy haşlanmış patates, yaklaşık 12 ons

Sal

1 1/4 su bardağı zeytinyağı

1 diş ince kıyılmış sarımsak

1 pound orecchiette veya kabuk

2 demet roka (yaklaşık 8 ons), sert sapları olmayan, durulanmış ve suyu süzülmüş

Tuz ve taze çekilmiş karabiber

1. Patatesleri soyun ve tadına göre tuz ve üzerini kaplayacak kadar soğuk su ile küçük bir tencereye koyun. Suyu kaynatın ve patatesleri keskin bir bıçakla delindiğinde yumuşayana kadar yaklaşık 20 dakika pişirin. Patatesleri boşaltın ve suyu saklayın.

2. Yağı orta boy bir tencereye dökün. Sarımsakları ekleyin ve orta ateşte sarımsaklar altın rengi oluncaya kadar yaklaşık 2 dakika pişirin. Ateşten alın. Patatesleri ekleyin ve bir ezici veya çatalla iyice ezin, ince bir "krema" elde etmek için yaklaşık bir bardak ayrılmış su ekleyin. Tuz ve karabiberle tatlandırın.

3. 4 litre suyu kaynatın. 2 yemek kaşığı tuzu, ardından makarnayı ekleyin. İyice karıştırın. Makarna al dente, yumuşak ama ısırmaya dayanıklı hale gelinceye kadar sık sık karıştırarak yüksek ateşte pişirin. Rokayı ekleyip bir kez karıştırın. Makarnayı ve rokayı süzün.

4. Makarnayı ve rokayı tekrar tencereye alıp patates sosunu ekleyin. Gerekirse biraz daha patates suyu ekleyerek kısık ateşte pişirin ve karıştırın. Derhal servis yapın.

Makarna ve Patates

Makarna ve Patates

6 porsiyon yapar

Fasulyeli veya mercimekli makarna gibi makarna ve patates de, bazı mütevazi malzemeleri alıp bunları lezzetli yemeklere dönüştürmenin güney İtalya yolu olan cucina povera'nın güzel bir örneğidir. Zamanların gerçekten kötü olduğu ve beslenecek çok sayıda boğazın olduğu zamanlarda, fazladan su eklemek, genellikle sebzelerin pişirilmesinden veya makarnanın haşlanmasından arta kalan sıvıyı eklemek, bu makarnaları çorbaya kadar uzatmak ve daha da ileri gitmek gelenekseldi.

1 1/4 su bardağı zeytinyağı

1 orta boy havuç, doğranmış

1 orta boy kereviz pirzola, doğranmış

1 orta boy soğan, doğranmış

2 diş ince doğranmış sarımsak

2 yemek kaşığı kıyılmış taze maydanoz

3 yemek kaşığı domates salçası

Tuz ve taze çekilmiş karabiber

1/2 pound haşlanmış patates, soyulmuş ve doğranmış

1 pound tubetti veya küçük kabuklar

1/2 bardak taze rendelenmiş Roman Pecorino veya Parmigiano-Reggiano

1. Yağı geniş bir tencereye dökün ve patates hariç doğranmış malzemeleri ekleyin. Orta ateşte ara sıra karıştırarak yumuşayana ve altın rengi olana kadar yaklaşık 15 ila 20 dakika pişirin.

2. Tatlandırmak için domates salçası ve tuz ve karabiber ekleyin. Patatesleri ve 4 bardak suyu ekleyin. Kaynamaya bırakın ve patatesler iyice yumuşayana kadar yaklaşık 30 dakika pişirin. Kaşığın arkasıyla biraz patates ezin.

3. Büyük bir tencerede yaklaşık 4 litre suyu kaynatın. 2 yemek kaşığı tuzu, ardından makarnayı ekleyin. İyice karıştırın. Makarna al dente, yumuşak ama ısırmaya dayanıklı hale gelinceye kadar sık sık karıştırarak pişirin. Pişirme suyunun bir kısmını ayırın. Makarnayı patatesli karışıma ekleyin. Gerekirse

ayrılmış pişirme suyundan biraz ekleyin, ancak karışım oldukça koyu kalmalıdır. Peyniri ekleyip hemen servis yapın.

Karnabahar ve Peynirli Kabuklar

Conchiglie al Cavolfiore

6 porsiyon yapar

Çok yönlü florikol, güney İtalya'daki birçok makarna yemeğinin yıldızıdır. Sicilya'da bu basit yemeği mora boyanmış yerel karnabaharla yaptık.

¹1/2 su bardağı zeytinyağı

1 orta boy soğan, ince doğranmış

1 orta boy karnabahar, ayıklanmış ve küçük çiçeklere bölünmüş

Sal

2 yemek kaşığı kıyılmış taze maydanoz

Taze çekilmiş karabiber

1 kilo kabuk

³1/4 bardak taze rendelenmiş Roman Pecorino

1. Pişen makarnaları alacak büyüklükte bir tavaya yağı dökün. Soğanı ekleyin ve orta ateşte 5 dakika pişirin. Tadına göre karnabaharı ve tuzu ekleyin. Kapağını kapatıp 15 dakika veya karnabahar yumuşayana kadar pişirin. Tadına göre maydanoz ve karabiber ekleyin.

2.Geniş bir tencerede en az 4 litre suyu kaynatın. 2 yemek kaşığı tuzu, ardından makarnayı ekleyin. İyice karıştırın. Makarna al dente, yumuşak ama ısırmaya dayanıklı hale gelinceye kadar sık sık karıştırarak yüksek ateşte pişirin. Makarnayı boşaltın ve pişirme suyunun bir kısmını ayırın.

3.Makarnayı karnabaharla birlikte tavaya ekleyin ve orta ateşte iyice karıştırın. Gerekirse biraz pişirme suyu ekleyin. Peyniri ekleyin ve bol miktarda karabiberle tekrar karıştırın. Derhal servis yapın.

Karnabahar, Safran ve Kuş Üzümlü Makarna

Makarna Arriminati

6 porsiyon yapar

Sicilya karnabaharı çeşitleri mor-beyazdan bezelye yeşiline kadar çeşitlilik gösterir ve sonbahar ve kış aylarında taze toplandığında harika bir tada sahiptir. Bu, Sicilya makarnası ve karnabaharın çeşitli kombinasyonlarından biridir. Safran altın sarısı bir renk ve hafif bir tat katarken, kuş üzümü ve hamsi tatlılık ve tuzluluk katar. Kızartılmış ekmek kırıntıları, son dokunuş olarak hafif bir çıtırlık sağlar.

1 çay kaşığı safran ipi

2/3 bardak siyah kuş üzümü veya kuru üzüm

Sal

1 büyük karnabahar (yaklaşık 2 pound), kesilmiş ve çiçeklere bölünmüş

1/3 su bardağı zeytinyağı

1 orta boy soğan, ince doğranmış

6 hamsi filetosu, suyu süzülmüş ve doğranmış

Taze çekilmiş karabiber

1/3 bardak çam fıstığı, hafifçe kızartılmış

1 pound penne veya tarak

1 1/4 su bardağı kızarmış ekmek kırıntısı

1. Küçük bir kapta safran ipliklerini 2 yemek kaşığı sıcak su ile serpin. Kuş üzümlerini üzerini kaplayacak şekilde başka bir sıcak su kabına koyun. Her ikisini de yaklaşık 10 dakika dinlendirin.

2. Geniş bir tencerede en az 4 litre suyu kaynatın. 2 yemek kaşığı tuz ve karnabaharı ekleyin. Karnabahar bıçakla delindiğinde iyice yumuşayana kadar, sık sık karıştırarak yaklaşık 10 dakika pişirin. Karnabaharı delikli bir kaşıkla çıkarın ve makarnayı pişirmek için gereken suyu ayırın.

3. Pişen makarnaları alacak büyüklükte bir tavaya yağı dökün. Soğanı ekleyin ve orta ateşte 10 dakika pişirin. Hamsileri ekleyin ve sık sık karıştırarak eriyene kadar 2 dakika daha pişirin. Safranı ve ıslatma sıvısını ekleyin. Kuş üzümlerini süzüp tavaya ekleyin.

4. Pişmiş karnabaharı ekleyin. Pişirme suyunun bir kısmını çıkarın ve karnabaharla birlikte tavaya ekleyin. Karnabaharı kaşığın tersiyle parçalayarak, küçük parçalara ayrılıncaya kadar 10 dakika kadar pişirin. Tadına göre tuz ve karabiber ekleyin. Çam fıstıklarını ekleyin.

5. Karnabahar haşlanırken pişirme suyunu tekrar kaynatın. Makarnayı ekleyip iyice karıştırın. Makarna al dente, yumuşak ama ısırmaya dayanıklı hale gelinceye kadar sık sık karıştırarak yüksek ateşte pişirin. Pişirme suyunun bir kısmını ayırın. Makarnayı süzün ve karnabahar karışımıyla birlikte tavaya ekleyin. Makarna kuru görünüyorsa biraz pişirme suyu ekleyerek iyice karıştırın.

6. Kızartılmış ekmek kırıntıları serpiştirilmiş makarnayı servis yapın.

Enginar ve Bezelyeli Pajaritas

Enginarlı Farfalle

4 ila 6 porsiyon yapar

Birçok İtalyan tatil yeri kış aylarında kapansa da çoğu Paskalya için yeniden açılıyor. Bir sene Portofino'dayken hava yağmurlu ve soğuk olmasına rağmen durum böyleydi. Sonunda gökyüzü açıldı ve güneş çıktı ve eşimle birlikte otelimizin denize bakan terasında öğle yemeğinin tadını çıkarabildik.

Bu makarnayla başlıyoruz, ardından zeytinle kavrulmuş bütün balık izliyoruz. Tatlı limonlu kekti. Mükemmel bir Paskalya yemeğiydi.

Yavru enginarınız yoksa, bunları daha büyük, şeritler halinde kesilmiş enginarlarla değiştirin.

500 gr yumuşak enginar

2 yemek kaşığı zeytinyağı

1 küçük soğan ince doğranmış

1 diş ince kıyılmış sarımsak

Tuz ve taze çekilmiş karabiber

2 su bardağı taze bezelye veya 1 (10 ons) paket dondurulmuş

1 1/2 su bardağı doğranmış taze fesleğen veya düz yapraklı maydanoz

1 pound farfalle

1/2 bardak taze rendelenmiş Parmigiano-Reggiano

1. Büyük bir bıçak kullanarak enginarların üst 1 inçlik kısmını kesin. Bunları soğuk suyla iyice durulayın. Arkanıza yaslanın ve tabanın etrafındaki küçük yaprakları kesin. Kalan yaprakların sivri uçlarını makas kullanarak kesin. Sert dış kabuğu saplardan ve taban çevresinden soyun. Enginarları ikiye bölün. Tüylü yaprakları ortasından kazımak için yuvarlak uçlu küçük bir bıçak kullanın. Enginarları ince dilimler halinde kesin.

2. Pişen makarnaların sığabileceği büyüklükte bir tavaya zeytinyağını dökün. Soğanı ve sarımsağı ekleyip ara sıra karıştırarak orta ateşte 10 dakika pişirin. Enginarları ve 2 yemek kaşığı suyu ekleyin. Tadına göre tuz ve karabiber ekleyin. 10 dakika veya enginarlar yumuşayana kadar pişirin.

3. Bezelyeyi ekleyin. 5 dakika veya bezelyeler yumuşayana kadar pişirin. Ateşten alıp fesleğeni ekleyin.

4. En az 4 litre suyu kaynatın. 2 yemek kaşığı tuzu, ardından makarnayı ekleyin. İyice karıştırın. Makarna al dente, yumuşak ama ısırmaya dayanıklı hale gelinceye kadar sık sık karıştırarak pişirin. Pişirme suyunun bir kısmını ayırın. Makarnayı boşaltın.

5. Makarnayı enginar sosuyla ve gerekirse biraz pişirme suyuyla karıştırın. Bir miktar sızma zeytinyağı ekleyin ve tekrar karıştırın. Peynirle karıştırıp hemen servis yapın.

Enginar ve Porcini ile Fettuccine

Enginar ve Porcini ile Fettuccine

4 ila 6 porsiyon yapar

Enginar ve porcini alışılmadık bir kombinasyon gibi görünebilir, ancak bu makarnayı yediğim Liguria'da öyle değil. Bu yemek çok lezzetli olduğu için rendelenmiş peynir gerekli değildir, özellikle de üstüne güzel bir sızma zeytinyağı eklerseniz.

1 ons kurutulmuş porçini mantarı

1 bardak ılık su

1 kilo enginar

1 1/4 su bardağı zeytinyağı

1 küçük doğranmış soğan

1 diş sarımsak, çok ince doğranmış

2 yemek kaşığı kıyılmış taze maydanoz

1 su bardağı soyulmuş, çekirdeği çıkarılmış ve doğranmış taze domates veya konserve ithal İtalyan domatesi, süzülmüş ve doğranmış

Tuz ve taze çekilmiş karabiber

1 kiloluk kuru fettuccine

Sızma zeytinyağı

1. Mantarları suya koyun ve 30 dakika bekletin. Mantarları sudan çıkarın, sıvıyı saklayın. Kumu çıkarmak için mantarları soğuk akan su altında durulayın, sapların toprağın biriktiği uçlarına özellikle dikkat edin. Mantarları büyük parçalar halinde doğrayın. Mantarlardaki sıvıyı bir kaseye süzün. Bir kenara bırak.

2. Büyük bir bıçak kullanarak enginarların üst 1 inçlik kısmını kesin. Bunları soğuk suyla iyice durulayın. Arkanıza yaslanın ve tabanın etrafındaki küçük yaprakları kesin. Kalan yaprakların sivri uçlarını makas kullanarak kesin. Sert dış kabuğu saplardan ve taban çevresinden soyun. Enginarları ikiye bölün. Tüylü yaprakları merkezden kazımak için küçük bir bıçak kullanın. Enginarları ince dilimler halinde kesin.

3. Pişen makarnaları alacak büyüklükte bir tavaya yağı dökün. Soğanı, mantarı, maydanozu ve sarımsağı ekleyip orta ateşte 10 dakika pişirin. Enginarları, domatesleri, tuz ve karabiberi damak tadınıza göre ekleyin. 10 dakika pişirin. Mantar sıvısını ekleyin ve 10 dakika daha veya enginarlar bıçakla delindiğinde yumuşayana kadar pişirin.

4. Büyük bir tencerede 4 litre suyu kaynatın. 2 yemek kaşığı tuzu, ardından makarnayı ekleyin. İyice karıştırın. Makarna al dente, yumuşak ama ısırmaya dayanıklı hale gelinceye kadar sık sık karıştırarak yüksek ateşte pişirin. Pişirme suyunun bir kısmını ayırın. Makarnayı boşaltın.

5. Makarnayı sosla ve gerekirse biraz pişirme suyuyla karıştırın. Sızma zeytinyağını gezdirip hemen servis yapın.

Patlıcan Yahni ile Rigatoni

Ragù di Melanzane ile Rigatoni

4 ila 6 porsiyon yapar

Yahni yapmak için genellikle domates sosuna et eklenir, ancak Basilicata'nın bu vejetaryen versiyonu patlıcan kullanıyor çünkü o da aynı derecede zengin ve lezzetli.

RigaRigatoni veya penne rigate gibi bir makarna şeklinin adı, sos için maşa görevi gören çıkıntılara sahip olduğunu gösterir. Rigatoni büyük, oluklu makarna tüpleridir. Kalınlığı ve büyük şekli, kalın içerikli doyurucu paçavraları tamamlıyor.

1 1/4 su bardağı zeytinyağı

1 1/4 su bardağı doğranmış arpacık soğanı

4 su bardağı doğranmış patlıcan

1 1/2 su bardağı doğranmış kırmızı biber

1 1/2 bardak kuru beyaz şarap

1 1/2 pound armut domates, soyulmuş, çekirdekleri çıkarılmış ve doğranmış veya 2 bardak konserve ithal İtalyan domates suyuyla birlikte

Bir tutam taze kekik

Sal

Taze çekilmiş karabiber

1 pound rigatoni, penne veya farfalle

Üzerine serpmek için sızma zeytinyağı

1. Yağı büyük, ağır bir tavaya dökün. Arpacık soğanı ekleyin ve orta ateşte 1 dakika pişirin. Patlıcan ve kırmızı biberi ekleyin. Sık sık karıştırarak sebzeler yumuşayana kadar yaklaşık 10 dakika pişirin.

2. Şarabı ekleyin ve buharlaşana kadar 1 dakika pişirin.

3. Tatlandırmak için domates, kekik, tuz ve karabiber ekleyin. Isıyı minimuma indirin. Ara sıra karıştırarak 40 dakika veya sos koyulaşıncaya ve sebzeler iyice yumuşayana kadar pişirin. Karışım çok kuru ise biraz su ekleyin. Kekiği çıkarın.

4.Geniş bir tencerede en az 4 litre suyu kaynatın. 2 yemek kaşığı tuzu, ardından makarnayı ekleyin. İyice karıştırın. Makarna al dente, yumuşak ama ısırmaya dayanıklı hale gelinceye kadar sık sık karıştırarak yüksek ateşte pişirin. Pişirme suyunun bir kısmını ayırın. Makarnayı süzün ve sıcak servis yapmak üzere bir kaseye aktarın.

5.Sosu dökün ve iyice karıştırın, gerekirse biraz pişirme suyu ekleyin. Biraz sızma zeytinyağı gezdirin ve tekrar atın. Derhal servis yapın.

Patlıcanlı Sicilya spagetti

Spagetti alla Norma

4 ila 6 porsiyon yapar

standart*Sicilyalı Vincenzo Bellini'nin bestelediği güzel bir operanın adıdır. Sicilya'da çok sevilen bir sebze olan patlıcanla yapılan bu makarna, adını operadan almıştır.*

Ricotta salata, yemek için peynir olarak dilimlenmiş veya makarnanın üzerine rendelenmiş olan ricotta'nın preslenmiş bir şeklidir. Bir de çok lezzetli olan füme versiyonu var ama onu Sicilya dışında hiç görmemiştim. Ricotta salatayı bulamıyorsanız, ona çok benzeyen beyaz peyniri değiştirin veya Roman Pecorino'yu kullanın.

1 orta boy patlıcan, kesilmiş ve 1/4 inç kalınlığında dilimlenmiş

Sal

Kızartmak için zeytinyağı

2 diş sarımsak, hafifçe ezilmiş

Bir tutam ezilmiş kırmızı biber

3 kilo olgun armut domates, soyulmuş, çekirdeği çıkarılmış ve doğranmış veya 1 kutu (28 ons) soyulmuş, suyu süzülmüş ve doğranmış ithal İtalyan domatesi

6 adet taze fesleğen yaprağı

1 pound spagetti

1 bardak rendelenmiş ricotta salatası veya Roman pecorino

1. Patlıcan dilimlerini bir tabağa yerleştirilmiş bir kevgir içine yerleştirin ve her katmana tuz serpin. 30 ila 60 dakika bekletin. Patlıcanı durulayın ve kağıt havluyla iyice kurulayın.

2. Derin, ağır bir tavaya yaklaşık 1/2 inç yağ dökün. Tavaya küçük bir patlıcan parçası cızırdayana kadar yağı orta ateşte ısıtın. Patlıcan dilimlerini her iki tarafı da altın rengi oluncaya kadar birer birer kızartın. Kağıt havluların üzerine boşaltın.

3. Orta boy bir tencereye 3 yemek kaşığı sıvı yağ dökün. Sarımsak ve ezilmiş kırmızı biberi ekleyin ve orta ateşte sarımsak altın rengi oluncaya kadar yaklaşık 4 dakika pişirin. Sarımsakları çıkarın. Tatmak için domatesleri ve tuzu ekleyin. Isıyı en aza indirin ve 20 ila 30 dakika veya sos kalınlaşana kadar pişirin. Fesleğeni ekleyip ateşi kapatın.

4. Geniş bir tencerede en az 4 litre suyu kaynatın. 2 yemek kaşığı tuzu, ardından makarnayı ekleyin. İyice karıştırın. Makarna al dente, yumuşak ama ısırmaya dayanıklı hale gelinceye kadar sık sık karıştırarak yüksek ateşte pişirin. Pişirme suyunun bir kısmını ayırın. Makarnayı boşaltın.

5. Makarnayı sosla birlikte bir kaseye alıp sıcak servis yapın, gerekirse biraz pişirme suyundan da ilave edin. Peyniri ekleyip tekrar karıştırın. Patlıcan dilimlerini üzerini kapatarak hemen servis yapın.

Brokoli, domates, çam fıstığı ve kuru üzümlü küçük kuşlar

Farfalle alla Siciliana

4 ila 6 porsiyon yapar

Çam fıstığı hoş bir çıtırlık sağlar ve kuru üzümler bu lezzetli Sicilya makarnasına tatlılık katar. Brokoli, makarnayla aynı tencerede pişirilir, böylece tatları gerçekten bir araya gelir. Erik çeşidi yerine büyük, yuvarlak domateslerle karşılaşırsanız, onları da kullanabilirsiniz, ancak sos daha ince olacak ve biraz daha uzun pişirme gerektirebilir.

1/3 su bardağı zeytinyağı

2 diş ince doğranmış sarımsak

Bir tutam ezilmiş kırmızı biber

2 1/2 pound taze erik domates (yaklaşık 15), soyulmuş, çekirdekleri çıkarılmış ve doğranmış

Tuz ve taze çekilmiş karabiber

2 yemek kaşığı kuru üzüm

1 pound farfalle

1 orta boy brokoli, sapsız ve küçük çiçeklere bölünmüş

2 yemek kaşığı kavrulmuş çam fıstığı

1. Makarnayı alacak büyüklükte bir tavaya yağı dökün. Sarımsak ve ezilmiş kırmızı biberi ekleyin. Sarımsak altın rengi olana kadar orta ateşte yaklaşık 2 dakika pişirin. Tatmak için domatesleri, tuzu ve karabiberi ekleyin. Kaynamaya bırakın ve sos kalınlaşana kadar 15 ila 20 dakika pişirin. Kuru üzümleri ekleyip ocaktan alın.

2. Geniş bir tencerede en az 4 litre suyu kaynatın. 2 yemek kaşığı tuzu, ardından makarnayı ekleyin. İyice karıştırın. Su tekrar kaynama noktasına gelinceye kadar sık sık karıştırarak pişirin.

3. Brokoliyi makarnaya ekleyin. Makarna al dente, yumuşak ama ısırmaya dayanıklı hale gelinceye kadar sık sık karıştırarak pişirin. Pişirme suyunun bir kısmını ayırın.

4. Makarnayı ve brokolileri süzün. Gerekirse biraz pişirme suyu ekleyerek domateslerle birlikte tavaya ekleyin. İyice karıştırın. Üzerine çam fıstığı serpip hemen servis yapın.

Sarımsaklı Yeşiller ve Patatesli Cavatelli

Sebzeli ve Patatesli Cavatelli

4 ila 6 porsiyon yapar

Sebze yıkamak en sevdiğim iş olmayabilir ama yemeğimin içinde kum bulmak daha da kötü, bu yüzden onları en az üç kez yıkıyorum. Bu zahmete değer. Bu tarifte yalnızca bir çeşit kullanabilirsiniz, ancak iki veya üç farklı sebzenin karışımı yemeğe ilginç bir doku ve lezzet katar.

Bu tarifteki patateslerin makarnayla birlikte pişirilebilmesi için küçük parçalar halinde kesilmesi gerekir. Sonunda hafifçe tavlanıp ufalanırlar ve makarnaya kremsi bir pürüzsüzlük verirler.

Brokoli rabesi, mizuna, hardal yeşillikleri, lahana veya karahindiba yeşillikleri gibi 1 1/2 pound çeşitli yeşillikler doğranmış

Sal

1/3 su bardağı zeytinyağı

4 diş sarımsak, ince dilimlenmiş

Bir tutam ezilmiş kırmızı biber

Tuz ve taze çekilmiş karabiber

1 kilo cavatelli

1 pound kaynar patates, soyulmuş ve 1⁄2 inçlik parçalar halinde doğranmış

1. Bir lavaboyu veya büyük bir kabı soğuk suyla doldurun. Sebzeleri ekleyip suyla karıştırın. Sebzeleri bir kevgir içine aktarın, suyu değiştirin ve tüm kum izlerini gidermek için işlemi en az iki kez daha tekrarlayın.

2. Büyük bir tencereye suyu kaynatın. Tadına göre sebzeleri ve tuzu ekleyin. Kullandığınız çeşitlere bağlı olarak sebzeler yumuşayana kadar 5 ila 10 dakika pişirin. Sebzeleri boşaltın ve soğuk akan su altında hafifçe soğumasını bekleyin. Sebzeleri küçük parçalar halinde doğrayın.

3. Pişen makarnaları alacak büyüklükte bir tavaya yağı dökün. Sarımsak ve ezilmiş kırmızı biberi ekleyin. Sarımsak altın rengi olana kadar orta ateşte 2 dakika pişirin. Sebzeleri ve bir tutam tuzu ekleyin. Sebzeler yağla kaplanana kadar yaklaşık 5 dakika karıştırarak pişirin.

4. Geniş bir tencerede en az 4 litre suyu kaynatın. 2 yemek kaşığı tuzu, ardından makarnayı ekleyin. Su tekrar kaynama noktasına

gelinceye kadar sık sık karıştırarak pişirin. Patatesleri ekleyin ve makarna al dente, yumuşak fakat ısırmaya dayanıklı hale gelinceye kadar pişirin. Pişirme suyunun bir kısmını ayırın. Makarnayı boşaltın.

5. Makarnayı ve patatesleri sebzelere ekleyip iyice karıştırın. Makarna kuru görünüyorsa, ayrılmış pişirme suyundan biraz ekleyin. Derhal servis yapın.

kabaklı linguine

kabaklı linguine

4 ila 6 porsiyon yapar

Küçük veya orta boy kabak satın alma isteğine karşı koyun ve köpek büyüklüğünde kabak sosisi sunan bahçıvan arkadaşlarınıza hayır deyin. Dev kabaklar sulu, akıcı ve tatsızdır, ancak sosisli sandviç uzunluğunda ve sucuktan daha kalın olmayanlar yumuşak ve lezzetlidir.

Bu tarifte özellikle Güney İtalya'dan gelen keskin, keskin bir koyun sütü peyniri olan Roman Pecorino'yu seviyorum.

6 küçük yeşil veya sarı kabak (yaklaşık 2 pound)

1/3 su bardağı zeytinyağı

3 diş ince kıyılmış sarımsak

Tuz ve taze çekilmiş karabiber

1 1/4 su bardağı doğranmış taze fesleğen

2 yemek kaşığı kıyılmış taze maydanoz

1 yemek kaşığı doğranmış taze kekik

1 kiloluk linguini

1 1/2 bardak taze rendelenmiş Roman Pecorino

1. Kabakları soğuk suyla durulayın. Uçları kesin. Uzunlamasına dörde bölün, sonra dilimleyin.

2. Makarnayı alacak kadar büyük bir tavada yağı orta ateşte ısıtın. Kabağı ekleyin ve ara sıra karıştırarak, hafifçe kızarıp yumuşayana kadar yaklaşık 10 dakika pişirin. Kabağı tavanın bir tarafına itin ve sarımsak, tuz ve karabiberi ekleyin. 2 dakika pişirin. Otları ekleyin, kabağı baharatlarla karıştırın ve ocaktan alın.

3. Kabak pişerken geniş bir tencerede 4 litre suyu kaynatın. 2 yemek kaşığı tuzu, ardından makarnayı ekleyin. İyice karıştırın. Makarna al dente, yumuşak ama ısırmaya dayanıklı hale gelinceye kadar sık sık karıştırarak yüksek ateşte pişirin. Pişirme suyunun bir kısmını ayırın.

4. Makarnayı boşaltın. Makarnayı kabakla birlikte tavaya koyun. Gerekirse biraz pişirme suyu ekleyerek iyice karıştırın. Peyniri ekleyip tekrar karıştırın. Derhal servis yapın.

Kavrulmuş sebzeli penne

Verdure alla Griglia ile makarna

4 ila 6 porsiyon yapar

Genellikle patlıcanların kabuğunu bırakmama rağmen, ızgarada pişirmek kabuğun sertleşmesine neden olur, bu nedenle ızgarayı açmadan önce çıkarın. Ayrıca patlıcanlar çiftlikten taze değilse, sebze olgunlaştıkça artan acıyı azaltmak için pişirmeden önce tuzlamak isteyebilirsiniz. Bunu yapmak için patlıcanı soyun ve dilimler halinde kesin, ardından dilimleri bir kevgir içine koyun ve her katmana kaba tuz serpin. Sıvının çıkması için 30 ila 60 dakika bekletin. Tuzu durulayın, kurulayın ve belirtildiği gibi pişirin.

2 kilo erik domates (yaklaşık 12)

Zeytin yağı

1 orta boy patlıcan, soyulmuş ve kalın dilimler halinde kesilmiş

2 orta boy tatlı soğan, kırmızı veya beyaz, kalın dilimlenmiş

Tuz ve taze çekilmiş karabiber

2 diş sarımsak, çok ince doğranmış

12 taze fesleğen yaprağı, küçük parçalar halinde kesilmiş

1 kilo penne

1 1/2 bardak taze rendelenmiş Roman Pecorino

1. Isı kaynağından yaklaşık 4 inç uzağa bir barbekü ızgarası veya ızgara yerleştirin. Izgarayı veya ızgarayı önceden ısıtın. Domatesleri ızgaraya yerleştirin. Domatesler yumuşayana ve kabukları hafifçe kömürleşip gevşeyene kadar maşayla sık sık çevirerek pişirin. Domatesleri çıkarın. Patlıcan ve soğan dilimlerini yağla fırçalayın ve üzerine tuz ve karabiber serpin. Sebzeler yumuşak ve altın rengi oluncaya kadar, ancak kararmayana kadar, her iki tarafı da yaklaşık 5 dakika kızartın.

2. Kabuğu domatesden çıkarın ve sap uçlarını kesin. Domatesleri geniş bir servis kabına alıp çatal yardımıyla iyice ezin. Tatlandırmak için sarımsak, fesleğen, 1/4 bardak yağ ve tuz ve karabiber ekleyin.

3. Patlıcan ve soğanı ince şeritler halinde kesip domateslere ekleyin.

4. Geniş bir tencerede en az 4 litre suyu kaynatın. 2 yemek kaşığı tuzu, ardından makarnayı ekleyin. İyice karıştırın. Makarna al dente, yumuşak ama ısırmaya dayanıklı hale gelinceye kadar sık

sık karıştırarak yüksek ateşte pişirin. Pişirme sıvısının bir kısmını ayırın.

5. Makarnayı boşaltın. Büyük bir servis kasesine makarnayı sebzelerle birlikte atın. Makarna kuru görünüyorsa biraz pişirme suyu ekleyin. Peyniri ekleyip hemen servis yapın.

Mantarlı, sarımsaklı ve biberiyeli penne

Funghi ile Penne

4 ila 6 porsiyon yapar

Bu tarifte istiridye, shiitake, cremini veya standart beyaz çeşit gibi dilediğiniz mantar türünü kullanabilirsiniz. Bir kombinasyon özellikle iyidir. Kuzugöbeği gibi gerçekten yabani mantarlarınız varsa, onları gerçekten iyi temizlediğinizden emin olun, çünkü çok cesur olabilirler.

1 1/4 su bardağı zeytinyağı

1 pound mantar, ince dilimlenmiş

2 diş sarımsak, ince doğranmış

2 çay kaşığı çok ince doğranmış taze biberiye

Tuz ve taze çekilmiş karabiber

1 pound penne veya farfalle

2 yemek kaşığı tuzsuz tereyağı

2 yemek kaşığı kıyılmış taze maydanoz

1. Makarnayı alacak kadar büyük bir tavada yağı orta ateşte ısıtın. Mantarları, sarımsağı ve biberiyeyi ekleyin. Sık sık karıştırarak mantarlar sıvılarını salmaya başlayana kadar yaklaşık 10 dakika pişirin. Tadına göre tuz ve karabiber ekleyin. Mantarlar hafifçe kızarana kadar, yaklaşık 5 dakika daha, sık sık karıştırarak pişirin.

2. Geniş bir tencerede en az 4 litre suyu kaynatın. 2 yemek kaşığı tuzu, ardından makarnayı ekleyin. İyice karıştırın. Makarna al dente, yumuşak ama ısırmaya dayanıklı hale gelinceye kadar sık sık karıştırarak yüksek ateşte pişirin. Pişirme suyunun bir kısmını ayırın.

3. Makarnayı boşaltın. Makarnayı tavada mantar, tereyağı ve maydanozla karıştırın. Makarna kuru görünüyorsa biraz pişirme suyu ekleyin. Derhal servis yapın.

Pancar ve sarımsaklı Linguini

Pancarlı Linguine

4 ila 6 porsiyon yapar

Makarna ve pancar alışılmadık bir kombinasyon gibi görünebilir ama bunu Emilia-Romagna kıyısındaki küçük bir kasabada denediğimden beri favorilerimden biri oldu. Sadece lezzetli değil, aynı zamanda tanıdığım en güzel makarna yemeklerinden biri. Herkes çarpıcı rengine hayran kalacak. Bunu, taze kırmızı pancarların en tatlı olduğu yaz sonlarında ve sonbahar başlarında yapın.

8 orta boy kırmızı pancar, doğranmış

1/3 su bardağı zeytinyağı

3 diş ince kıyılmış sarımsak

Bir tutam ezilmiş kırmızı biber veya tadı

Sal

1 kiloluk linguini

1. Fırının ortasına bir raf yerleştirin. Fırını önceden 450° F'ye ısıtın. Pancarları ovalayın ve büyük bir alüminyum folyo tabakasına sıkıca sarın. Paketi bir fırın tepsisine yerleştirin. Boyutuna bağlı olarak 45 ila 75 dakika kadar veya pancarlar keskin bir bıçakla folyoyu deldiğinde yumuşayana kadar pişirin. Pancarları alüminyum folyo içinde soğumaya bırakın. Pancarları soyup doğrayın.

2. Pişen makarnaları alacak büyüklükte bir tavaya yağı dökün. Sarımsak ve ezilmiş kırmızı biberi ekleyin. Sarımsak altın rengi olana kadar orta ateşte yaklaşık 2 dakika pişirin. Pancarları ekleyin ve iyice ısınana kadar yağ karışımına atın.

3. Geniş bir tencerede en az 4 litre suyu kaynatın. 2 yemek kaşığı tuzu, ardından makarnayı ekleyin. İyice karıştırın. Makarna al dente, yumuşak ama ısırmaya dayanıklı hale gelinceye kadar sık sık karıştırarak yüksek ateşte pişirin.

4. Makarnayı boşaltın ve pişirme suyunun bir kısmını ayırın. Linguini'yi pancarla birlikte tavaya dökün. Pişirme suyundan biraz ekleyin ve orta ateşte, makarnayı çatal ve kaşıkla eşit renk alana kadar yaklaşık 2 dakika çevirerek pişirin. Derhal servis yapın.

Pancarlı ve Yeşillikli Pajaritas

Barbabietole ile Farfalle

4 ila 6 porsiyon yapar

Bu, onun bir varyasyonu*Pancar ve sarımsaklı Linguini*Hem pancar hem de pancar yaprağını kullanan tarif. Pancarların uçları yumuşak veya kahverengi görünüyorsa, yarım kilo kadarını taze ıspanak, pazı veya diğer yeşilliklerle değiştirin.

1 demet taze kırmızı pancar uçları (4 ila 5 pancar)

1/3 su bardağı zeytinyağı

2 diş sarımsak, ince doğranmış

Tuz ve taze çekilmiş karabiber

1 pound farfalle

4 ons ricotta salatası, kıyılmış

1. Fırının ortasına bir raf yerleştirin. Fırını önceden 450° F'ye ısıtın. Pancar yapraklarını kesin ve bir kenara koyun. Pancarları fırçalayın ve büyük bir alüminyum folyo tabakasına sıkıca sarın. Paketi bir fırın tepsisine yerleştirin. Boyutuna bağlı olarak 45 ila

75 dakika kadar veya pancarlar keskin bir bıçakla folyoyu deldiğinde yumuşayana kadar pişirin. Pancarları alüminyum folyo içinde soğumaya bırakın. Folyoyu açın, ardından pancarları soyun ve doğrayın.

2. Sebzeleri iyice yıkayıp sert saplarını çıkarın. Büyük bir tencereye suyu kaynatın. Tadına göre sebzeleri ve tuzu ekleyin. 5 dakika veya sebzeler neredeyse yumuşayana kadar pişirin. Sebzeleri boşaltın ve akan suyun altında soğutun. Sebzeleri büyük parçalar halinde doğrayın.

3. Tüm makarna ve sebzeleri alacak büyüklükte bir tavaya yağı dökün. Sarımsağı ekleyin. Sarımsak altın rengi olana kadar orta ateşte yaklaşık 2 dakika pişirin. Pancar ve sebzeleri, bir tutam tuz ve karabiberi ekleyin. Yaklaşık 5 dakika veya sebzeler iyice ısınana kadar karıştırarak pişirin.

4. Geniş bir tencerede en az 4 litre suyu kaynatın. 2 yemek kaşığı tuzu, ardından makarnayı ekleyin. İyice karıştırın. Makarna al dente, yumuşak ama ısırmaya dayanıklı hale gelinceye kadar sık sık karıştırarak yüksek ateşte pişirin.

5. Makarnayı boşaltın ve pişirme suyunun bir kısmını ayırın. Makarnayı pancarla birlikte tavaya ekleyin. Biraz pişirme suyu ekleyin ve makarnayı sürekli karıştırarak, eşit bir renk elde

edene kadar yaklaşık 1 dakika pişirin. Peyniri ekleyip tekrar karıştırın. Hemen cömert bir tutam taze çekilmiş karabiber ile servis yapın.

Salatalı Makarna

Salatada Makarna

4 ila 6 porsiyon yapar

Taze sebze salatasıyla karıştırılan makarna, lezzetli ve hafif bir yaz yemeğidir. Bunu Piedmont'taki arkadaşlarımı ziyaret ederken yaşadım. Çok uzun süre bekletmeyin, aksi takdirde sebzeler lezzetini ve parlak görünümünü kaybeder.

2 orta boy domates, doğranmış

1 orta boy rezene ampulü, kesilmiş ve küçük parçalar halinde kesilmiş

1 küçük mor soğan, doğranmış

1 1/4 su bardağı sızma zeytinyağı

İnce şeritler halinde kesilmiş 2 yemek kaşığı fesleğen

Tuz ve taze çekilmiş karabiber

2 su bardağı küçük parçalar halinde kesilmiş roka

1 kiloluk dirsekler

1. Büyük bir servis kabında domates, rezene, soğan, zeytinyağı, fesleğen ve damak tadınıza göre tuz ve karabiberi birleştirin. İyice karıştırın. Roketle örtün.

2. Geniş bir tencerede en az 4 litre suyu kaynatın. 2 yemek kaşığı tuzu, ardından makarnayı ekleyin. Makarna al dente, yumuşak ama ısırmaya dayanıklı hale gelinceye kadar sık sık karıştırarak yüksek ateşte pişirin. Pişirme suyunun bir kısmını ayırın. Makarnayı boşaltın.

3. Makarnayı salata karışımıyla karıştırın. Makarna kuru görünüyorsa biraz pişirme suyu ekleyin. Derhal servis yapın.

Közlenmiş domatesli düdük

Pomodori ile Fırında Düdük

4 ila 6 porsiyon yapar

Kavrulmuş domates evimde en sevdiğim garnitürdür; balık, dana kaburga veya biftekle birlikte servis ettiğim bir şeydir. Bir gün büyük bir tavayı bununla doldurmuştum ama elimde biraz kuru makarnadan başka servis edecek hiçbir şeyim yoktu. Közlenmiş domatesleri ve suyunu taze pişmiş düdükle karıştırdım. Artık bunu her zaman yapıyorum.

2 pound olgun erik domates (yaklaşık 12 ila 14), 1/4 inç kalınlığında dilimlenmiş

3 diş sarımsak, ince doğranmış

1 1/2 çay kaşığı kurutulmuş kekik

Tuz ve taze çekilmiş karabiber

1/3 su bardağı zeytinyağı

1 kiloluk düdük

1 1/2 su bardağı doğranmış taze fesleğen veya düz yapraklı maydanoz

1. Fırının ortasına bir raf yerleştirin. Fırını önceden 400° F'ye ısıtın. 13 x 9 x 2 inçlik fırın tepsisini veya fırın tepsisini yağlayın.

2. Hazırlanan tabağa domates dilimlerinin yarısını yayın. Tatmak için sarımsak, kekik, tuz ve karabiber serpin. Kalan domatesleri üstüne koyun. Yağı gezdirin.

3. Domatesler çok yumuşak olana kadar pişirin, 30 ila 40 dakika. Çanağı fırından çıkarın.

4. Geniş bir tencerede en az 4 litre suyu kaynatın. 2 yemek kaşığı tuzu, ardından makarnayı ekleyin. İyice karıştırın. Makarna al dente, yumuşak ama ısırmaya dayanıklı hale gelinceye kadar sık sık karıştırarak yüksek ateşte pişirin. Makarnayı boşaltın ve pişirme suyunun bir kısmını ayırın.

5. Makarnayı pişmiş domateslerin üzerine koyun ve iyice karıştırın. Fesleğen veya maydanozu ekleyin ve makarna kuru görünüyorsa, ayrılmış pişirme suyundan biraz ekleyerek tekrar atın. Derhal servis yapın.

Patates, domates ve roka ile dirsekler

Bayrak

6 ila 8 porsiyon yapar

Puglia'da bu makarnaya İtalyan bayrağının kırmızı, beyaz ve yeşil renklerini taşıdığı için "bayrak" adı veriliyor. Bazı aşçılar bunu daha fazla sıvıyla hazırlayıp çorba olarak servis ederler.

1 1/4 su bardağı zeytinyağı

2 diş sarımsak, ince doğranmış

Bir tutam ezilmiş kırmızı biber

1 1/2 pound olgun erik domates, soyulmuş, çekirdekleri çıkarılmış ve doğranmış (yaklaşık 3 bardak)

2 yemek kaşığı doğranmış taze fesleğen

Tuz ve taze çekilmiş karabiber

1 kiloluk dirsekler

3 orta boy haşlanmış patates (1 pound), soyulmuş ve 1/2 inçlik parçalar halinde kesilmiş

2 demet roka, kesilmiş ve 1 inçlik parçalar halinde kesilmiş (yaklaşık 4 bardak)

1/3 su bardağı taze rendelenmiş Roman Pecorino

1. Makarnayı alacak büyüklükte bir tavaya yağı dökün. Sarımsak ve ezilmiş kırmızı biberi ekleyin. Sarımsak altın rengi olana kadar orta ateşte 2 dakika pişirin.

2. Tatlandırmak için domates, fesleğen ve tuz ve karabiber ekleyin. Kaynamaya bırakın ve ara sıra karıştırarak, sos hafifçe kalınlaşana kadar yaklaşık 10 dakika pişirin.

3. Geniş bir tencerede en az 4 litre suyu kaynatın. 2 yemek kaşığı tuzu, ardından makarnayı ekleyin. İyice karıştırın. Su tekrar kaynayınca patatesleri ekleyin. Makarna al dente, yumuşak ama ısırmaya dayanıklı hale gelinceye kadar sık sık karıştırarak pişirin.

4. Makarnayı ve patatesleri süzüp pişirme suyunun bir kısmını ayırın. Kaynayan domates sosuna makarnayı, patatesi ve rokayı ekleyin. 1 ila 2 dakika veya makarna ve sebzeler sosla iyice kaplanana kadar karıştırarak pişirin. Makarna kuru görünüyorsa, ayrılmış pişirme suyundan biraz ekleyin.

5. Peyniri ekleyip hemen servis yapın.

Roma rustik tarzı linguini

Linguine alla Ciociara

4 ila 6 porsiyon yapar

İtalyan şarabı ve yemekleri hakkında yazan arkadaşlarım Diane Darrow ve Tom Maresca beni bu Roma makarnasıyla tanıştırdı. Adı yerel lehçede "köylü kadın tarzı" anlamına geliyor. Yeşil biberin taze, otsu tadı bu basit makarnayı sıra dışı kılıyor.

1 orta boy yeşil biber

1 1/2 su bardağı zeytinyağı

2 su bardağı soyulmuş, çekirdeği çıkarılmış ve doğranmış taze domates veya konserve ithal İtalyan domatesi, süzülmüş ve doğranmış

1/2 su bardağı doğranmış Gaeta siyah zeytini veya diğer hafif yağda kürlenmiş siyah zeytin

Sal

Bir tutam ezilmiş kırmızı biber

1 pound linguine veya spagetti

1 1/2 bardak taze rendelenmiş Roman Pecorino

1. Biberleri ikiye bölüp sapını ve çekirdeklerini çıkarın. Biberleri uzunlamasına çok ince dilimleyin, ardından dilimleri çapraz olarak üçe bölün.

2. Pişmiş spagettiyi alacak kadar büyük bir tavada yağı orta ateşte ısıtın. Domates, biber, zeytin, damak tadınıza göre tuz ve ezilmiş kırmızı biberi ekleyin. Kaynamaya bırakın ve ara sıra karıştırarak, sos hafifçe koyulaşana kadar yaklaşık 20 dakika pişirin.

3. Geniş bir tencerede en az 4 litre suyu kaynatın. 2 yemek kaşığı tuzu, ardından makarnayı ekleyin. İyice karıştırın. Makarna al dente, yumuşak ama ısırmaya dayanıklı hale gelinceye kadar sık sık karıştırarak yüksek ateşte pişirin. Makarnayı boşaltın ve pişirme suyunun bir kısmını ayırın.

4. Makarnayı sosla birlikte tavaya ekleyin. Makarna kuru görünüyorsa, ayrılmış pişirme suyundan biraz ekleyerek orta ateşte 1 dakika pişirin ve karıştırın. Peyniri ekleyip tekrar karıştırın. Derhal servis yapın.

Bahar sebzeli ve sarımsaklı penne

Penne alla Primavera

4 ila 6 porsiyon yapar

Bahar sosu yapmanın klasik yolu yoğun krema ve tereyağı kullanmak olsa da sarımsakla tatlandırılmış zeytinyağına dayalı bu yöntem de iyidir.

1 1/4 su bardağı zeytinyağı

4 diş ince kıyılmış sarımsak

8 kuşkonmaz, küçük parçalar halinde kesilmiş

4 yeşil soğan, 1/4 inçlik dilimler halinde kesilmiş

3 çok küçük kabak (yaklaşık 12 ons), 1/4 inçlik dilimler halinde kesilmiş

2 orta boy havuç, 1/4 inçlik dilimler halinde kesilmiş

2 yemek kaşığı su

Tuz ve taze çekilmiş karabiber

2 su bardağı kiraz veya küçük üzüm domates, ikiye bölünmüş

3 yemek kaşığı kıyılmış taze maydanoz

1 1/2 bardak taze rendelenmiş Roman Pecorino

1. Makarnayı alacak büyüklükte bir tavaya yağı dökün. Sarımsakları ekleyin ve orta ateşte 2 dakika pişirin. Kuşkonmaz, yeşil soğan, kabak, havuç, su ve tuz ve karabiberi damak tadınıza göre ekleyin. Tavayı kapatın ve ısıyı azaltın. Havuçlar neredeyse yumuşayana kadar 5 ila 10 dakika pişirin.

2. Geniş bir tencerede en az 4 litre suyu kaynatın. 2 yemek kaşığı tuzu, ardından makarnayı ekleyin. İyice karıştırın. Makarna al dente, yumuşak ama ısırmaya dayanıklı hale gelinceye kadar sık sık karıştırarak yüksek ateşte pişirin. Makarnayı boşaltın ve pişirme suyunun bir kısmını ayırın.

3. Domatesleri ve maydanozu sebzelerle birlikte tavaya alıp iyice karıştırın. Makarnayı ve peyniri ekleyip tekrar karıştırın, eğer makarna kuru görünüyorsa, ayrılmış pişirme suyundan biraz ekleyin. Derhal servis yapın.

Kremalı ve Mantarlı Makarna "Arrossegada"

Makarna Strascinata

4 ila 6 porsiyon yapar

Umbria'daki Torgiano'yu ziyaret etmenin ana nedeni, restoranı olan güzel bir kır hanı olan Le Tre Vaselle'de kalmaktır. Kocam ve ben birkaç yıl önce bu alışılmadık "sürüklenen" makarnayı orada yedik. Pennette olarak bilinen kısa, sivri uçlu makarna tüpleri, risotto tarzında doğrudan sosun içinde pişirilirdi. Makarnanın bu şekilde pişirildiğini başka hiçbir yerde görmemiştim.

Teknik oldukça farklı olduğundan, başlamadan önce tarifi okuduğunuzdan ve başlamadan önce sıcak et suyunu ve tüm malzemeleri elinizde bulundurduğunuzdan emin olun.

Lungarotti şarap üreticileri ailesi, Le Tre Vaselle'nin sahibidir ve Rubesco gibi mükemmel kırmızı şaraplarından biri bu makarna için ideal olacaktır.

1 orta boy soğan, ince doğranmış

6 yemek kaşığı zeytinyağı

1 pound pennette, ditalini veya tubetti

2 yemek kaşığı konyak

5 ev yapımı sıcak bardakEt suyuveyaTavuk çorbasıveya 3 bardak su ile karıştırılmış 2 bardak konserve et suyu

8 ons dilimlenmiş beyaz mantar

Tuz ve taze çekilmiş karabiber

³1/4 bardak ağır krema

1 bardak taze rendelenmiş Parmigiano-Reggiano

1 yemek kaşığı taze kıyılmış maydanoz

1. Makarnanın tamamını alacak kadar büyük bir tavada, soğanı 2 yemek kaşığı yağda orta ateşte yumuşak ve altın rengi olana kadar yaklaşık 10 dakika pişirin. Soğanı bir tabağa koyun ve tavayı temizleyin.

2. Kalan 4 yemek kaşığı yağı tavaya dökün ve orta ateşte ısıtın. Makarnayı ekleyin ve sık sık karıştırarak makarna kahverengileşene kadar yaklaşık 5 dakika pişirin. Konyak ekleyin ve buharlaşana kadar pişirin.

3. Soğanı tavaya geri koyun ve 2 bardak sıcak et suyunu ekleyin. Isıyı orta-yüksek seviyeye getirin ve sık sık karıştırarak et

suyunun çoğu emilene kadar pişirin. 2 bardak daha et suyu ekleyin. Sıvının çoğu emildiğinde mantarları ekleyin. Karıştırmaya devam ederken, makarnanın nemli kalması için kalan et suyunu gerektiği kadar azar azar ekleyin. Tuz ve karabiberle tatlandırın.

4. Et suyunu eklemeye başladıktan yaklaşık 12 dakika sonra makarna neredeyse al dente, yumuşak ama ısırmaya karşı sert olmalıdır. Kremayı ekleyin ve hafifçe koyulaşana kadar yaklaşık 1 dakika pişirin.

5. Tavayı ocaktan alıp peyniri ekleyin. Maydanozu ekleyip hemen servis yapın.

Domatesli ve Mozzarellalı Roma Makarnası

Çek makarnası

4 ila 6 porsiyon yapar

Eşim Roma'da bu makarnayı ilk denediğinde o kadar beğendi ki kaldığımız süre boyunca neredeyse her gün yedi. Taze, kremalı mozarella ve çok olgun domates kullandığınızdan emin olun. Yaz günleri için mükemmel bir makarnadır.

3 orta boy olgun domates

1 1/4 su bardağı sızma zeytinyağı

1 diş küçük sarımsak, ince doğranmış

Tuz ve taze çekilmiş karabiber

20 fesleğen yaprağı

1 pound tubetti veya ditalini

8 ons taze mozarella, küçük küpler halinde kesilmiş

1. Domatesleri ikiye bölüp çekirdeğini çıkarın. Domates çekirdeklerini sıkın. Domatesleri doğrayın ve tüm malzemeleri alacak kadar büyük bir kaseye koyun.

2. Tadına göre yağ, sarımsak ve tuz ve karabiber ekleyin. Fesleğen yapraklarını üst üste koyun ve ince şeritler halinde kesin. Fesleğenleri domateslerin üzerine ekleyin. Bu sos önceden hazırlanıp oda sıcaklığında 2 saate kadar saklanabilir.

3. Geniş bir tencerede en az 4 litre suyu kaynatın. 2 yemek kaşığı tuzu, ardından makarnayı ekleyin. İyice karıştırın. Makarna al dente, yumuşak ama ısırmaya dayanıklı hale gelinceye kadar sık sık karıştırarak yüksek ateşte pişirin. Makarnayı süzün ve sosla karıştırın. Mozarellayı ekleyip tekrar karıştırın. Derhal servis yapın.

Ton balıklı ve domatesli düdük

Fusilli al Tonno

4 ila 6 porsiyon yapar

Taze ızgara ton balığı bifteğinin tadını ne kadar sevsem de konserve ton balığını daha çok sevdiğimi düşünüyorum. Elbette mükemmel sandviçler ve salatalar yapar, ancak İtalyanların klasik Vitello Tonnato'da olduğu gibi başka kullanımları da vardır (<u>Ton Balığı Soslu Dana Eti</u>) sığır eti için veya ezme şeklinde veya Sicilya'da aşçıların genellikle yaptığı gibi makarna ile. Bu sos için suya paketlenmiş ton balığı kullanmayın. Tadı çok hafif ve dokusu çok ıslak. En iyi lezzet ve doku için, İtalya veya İspanya'dan zeytinyağıyla paketlenmiş iyi bir marka ton balığı kullanın.

3 orta boy domates, doğranmış

Zeytinyağında paketlenmiş 1 kutu (7 ons) ithal İtalyan veya İspanyol ton balığı

10 taze fesleğen yaprağı, doğranmış

1 1/2 çay kaşığı kurutulmuş kekik, ufalanmış

Bir tutam ezilmiş kırmızı biber

Sal

1 pound düdük veya rulo

1. Büyük bir kapta domatesi, yağındaki ton balığını, fesleğen, kekik, kırmızı biber ve damak tadınıza göre tuzu birleştirin.

2. Geniş bir tencerede en az 4 litre suyu kaynatın. 2 yemek kaşığı tuzu, ardından makarnayı ekleyin. İyice karıştırın. Makarna al dente, yumuşak ama ısırmaya dayanıklı hale gelinceye kadar sık sık karıştırarak yüksek ateşte pişirin. Pişirme suyunun bir kısmını ayırın. Makarnayı boşaltın.

3. Makarnayı sosla karıştırın. Makarna kuru görünüyorsa biraz pişirme suyu ekleyin. Derhal servis yapın.

Sicilya pestolu Linguini

Pesto Trapanese'li Linguine

4 ila 6 porsiyon yapar

Pesto sosu genellikle Liguria ile ilişkilendirilir ancak bu esas olarak fesleğen ve sarımsak türüne aittir. İtalyanca'da Pesto, doğranmış, doğranmış veya ezilmiş herhangi bir şeyi ifade eder; bu sos tipik olarak Batı Sicilya'daki bir sahil kasabası olan Trapani'de bu şekilde yapılır.

Bu yemeğin çok fazla lezzeti var; peynire gerek yok.

1 1/2 su bardağı beyazlatılmış badem

2 diş sarımsak

1 1/2 su bardağı paketlenmiş taze fesleğen yaprağı

Tuz ve taze çekilmiş karabiber

1 pound taze domates, soyulmuş, çekirdekleri çıkarılmış ve doğranmış

1/3 su bardağı sızma zeytinyağı

1 kiloluk linguini

1. Bir mutfak robotu veya blenderde bademleri, sarımsağı, fesleğeni, tuzu ve karabiberi damak tadınıza göre birleştirin. Malzemeleri güzelce doğrayın. Domatesleri ve yağı ekleyin ve pürüzsüz hale gelinceye kadar işleyin.

2. Geniş bir tencerede en az 4 litre suyu kaynatın. 2 yemek kaşığı tuzu ve ardından makarnayı ekleyin, makarna tamamen suyla kaplanana kadar yavaşça aşağı doğru bastırın. İyice karıştırın. Makarna al dente, yumuşak ama ısırmaya dayanıklı hale gelinceye kadar sık sık karıştırarak yüksek ateşte pişirin. Pişirme suyunun bir kısmını ayırın. Makarnayı boşaltın.

3. Sıcak servis yapmak için makarnayı geniş bir kaseye dökün. Sosu ekleyin ve iyice karıştırın. Makarna kuru görünüyorsa, ayrılmış makarna suyundan biraz ekleyin. Derhal servis yapın.

"Çılgın" Pestolu Spagetti

Pesto Mattolu Spagetti

4 ila 6 porsiyon yapar

Bu tarif, İtalya'daki makarna şirketi Agnesi tarafından yayınlanan "Makarna pişirmenin zevkleri" broşüründen uyarlanmıştır. Tarifler ev aşçıları tarafından sunuldu ve bu tarifin yazarı muhtemelen bu geleneksel olmayan pestoyu doğaçlama yaptı (dolayısıyla adı).

2 orta boy olgun domates, soyulmuş, çekirdekleri çıkarılmış ve doğranmış

1 1/2 su bardağı doğranmış siyah zeytin

6 fesleğen yaprağı, istiflenmiş ve ince şeritler halinde kesilmiş

1 yemek kaşığı doğranmış taze kekik

1 1/4 su bardağı zeytinyağı

Tuz ve taze çekilmiş karabiber

1 pound spagetti veya linguini

4 ons taze yumuşak keçi peyniri

1. Büyük bir servis kabında domates, zeytin, fesleğen, kekik, yağ ve damak tadınıza göre tuz ve karabiberi bir araya getirin.

2. Geniş bir tencerede en az 4 litre suyu kaynatın. 2 yemek kaşığı tuzu ve ardından makarnayı ekleyin, makarna tamamen suyla kaplanana kadar yavaşça aşağı doğru bastırın. İyice karıştırın. Yüksek ateşte, sık sık karıştırarak, makarnalar yumuşayıncaya kadar pişirin. Makarnayı boşaltın.

3. Makarnayı domatesli kaseye ekleyin ve iyice karıştırın. Keçi peynirini ekleyip tekrar karıştırın. Derhal servis yapın.

Çiğ Puttanesca Soslu Pajaritas

Farfalle alla Puttanesca

4 ila 6 porsiyon yapar

Bu makarna sosunun malzemeleri aşağıdakilere benzer:<u>Hamsi ve Baharatlı Domates Soslu Linguini</u>Ancak bu sosun pişirme gerektirmemesi nedeniyle tadı oldukça farklıdır.

1 litre kiraz veya üzüm domates, ikiye bölünmüş

6 ila 8 doğranmış hamsi filetosu

1 diş büyük sarımsak, çok ince doğranmış

1/2 bardak Gaeta veya diğer çekirdeği çıkarılmış, yumuşak siyah zeytin, doğranmış

1/4 bardak ince doğranmış taze düz yapraklı maydanoz

2 yemek kaşığı kapari, durulanmış ve doğranmış

1 1/2 çay kaşığı kurutulmuş kekik

1 1/4 su bardağı sızma zeytinyağı

tatmak için tuz

Bir tutam ezilmiş kırmızı biber

1 pound kuru farfalle veya fettuccine

1.Büyük bir kapta domates, hamsi, sarımsak, zeytin, maydanoz, kapari, kekik, yağ, tuz ve kırmızı biberi birleştirin. 1 saat oda sıcaklığında bekletin.

2.Geniş bir tencerede en az 4 litre suyu kaynatın. 2 yemek kaşığı tuzu, ardından makarnayı ekleyin. İyice karıştırın. Yüksek ateşte, sık sık karıştırarak, makarnalar yumuşayıncaya kadar pişirin. Pişirme suyunun bir kısmını ayırın. Makarnayı boşaltın.

3.Makarnayı sosla karıştırın. Makarna kuru görünüyorsa biraz pişirme suyu ekleyin. Derhal servis yapın.

Çiğ Sebzeli Makarna

Makarna alla Crudaiola

4 ila 6 porsiyon yapar

Kereviz, bu basit yaz makarnasına çıtır çıtır ve limon suyuyla temiz, hafif bir tat katıyor.

2 kilo olgun domates, soyulmuş, çekirdekleri çıkarılmış ve doğranmış

1 diş sarımsak, çok ince doğranmış

1 su bardağı hassas kereviz kaburgası, ince dilimlenmiş

1 1/2 bardak fesleğen yaprağı, yığılmış ve ince dilimlenmiş

1/2 bardak Gaeta veya başka yumuşak siyah zeytin, çekirdekleri çıkarılmış ve doğranmış

1 1/4 su bardağı sızma zeytinyağı

1 yemek kaşığı limon suyu

Tuz ve taze çekilmiş karabiber

1 pound düdük veya gemelli

1. Domatesleri sarımsak, kereviz, fesleğen ve zeytinle birlikte geniş bir kaseye koyun ve iyice karıştırın. Tadına göre yağ, limon suyu, tuz ve karabiber ekleyin.

2. Geniş bir tencerede en az 4 litre suyu kaynatın. 2 yemek kaşığı tuzu, ardından makarnayı ekleyin. İyice karıştırın. Yüksek ateşte, sık sık karıştırarak, makarnalar yumuşayıncaya kadar pişirin. Makarnayı süzün ve ardından hızla sosla iyice karıştırın. Derhal servis yapın.

"Acele et" spagetti

Spagetti Sciue 'Sciue'

4 ila 6 porsiyon yapar

Küçük üzüm domatesleri harika bir domates tadına sahiptir ve tüm yıl boyunca mevsimindedir. Kiraz domatesleri de bu tarifte işe yarar. Napoliten deyimi sciue 'sciue' (shoo-ay, shoo-ay olarak telaffuz edilir) "acele et" gibi bir şey anlamına gelir ve bu sosun hazırlanması hızlıdır.

1 1/4 su bardağı zeytinyağı

3 diş sarımsak, ince dilimlenmiş

Bir tutam ezilmiş kırmızı biber

3 su bardağı üzüm domates veya kiraz domates, ikiye bölünmüş

Sal

Bir tutam kurutulmuş kekik, ufalanmış

1 pound spagetti

1. Pişen makarnaları alacak büyüklükte bir tavaya yağı dökün. Sarımsak ve kırmızı biberi ekleyin. Sarımsak hafifçe kızarana

kadar orta ateşte yaklaşık 2 dakika pişirin. Domatesleri, damak tadınıza göre tuz ve kekik ekleyin. Bir veya iki kez karıştırarak 10 dakika veya domatesler yumuşayana ve meyve suları hafifçe koyulaşana kadar pişirin. Ateşi kapat.

2. Geniş bir tencerede en az 4 litre suyu kaynatın. 2 yemek kaşığı tuzu ve ardından makarnayı ekleyin, makarna tamamen suyla kaplanana kadar yavaşça aşağı doğru bastırın. İyice karıştırın. Makarna al dente, yumuşak ama ısırmaya dayanıklı hale gelinceye kadar sık sık karıştırarak yüksek ateşte pişirin. Makarnayı boşaltın ve pişirme suyunun bir kısmını ayırın.

3. Makarnayı domates soslu tavaya koyun. Isıyı yüksek seviyeye getirin ve karıştırarak 1 dakika pişirin. Makarna kuru görünüyorsa biraz pişirme suyu ekleyin. Derhal servis yapın.

penne "kızgın"

Penne all'Arrabbiata

4 ila 6 porsiyon yapar

Bu Roma usulü pennelere, domates sosunun parlak kırmızı tadı nedeniyle "kızgın" adı veriliyor. Dilediğiniz kadar çok veya az toz kırmızı biber kullanın. Bu makarna genellikle peynirsiz servis edilir.

1 1/4 su bardağı zeytinyağı

4 diş sarımsak, hafifçe ezilmiş

Tadına göre ezilmiş kırmızı biber

2 pound taze domates, soyulmuş, çekirdekleri çıkarılmış ve doğranmış veya 1 kutu (28 ons) ithal soyulmuş İtalyan domatesi, süzülmüş ve doğranmış

2 taze fesleğen yaprağı

Sal

1 kilo penne

1. Tüm makarnaları alacak büyüklükte bir tavaya yağı dökün. Sarımsak ve biberi ekleyin ve sarımsak iyice kızarana kadar yaklaşık 5 dakika pişirin. Sarımsakları çıkarın.

2. Tatmak için domates, fesleğen ve tuz ekleyin. 15 ila 20 dakika veya sos kalınlaşana kadar pişirin.

3. Geniş bir tencerede en az 4 litre suyu kaynatın. 2 yemek kaşığı tuzu, ardından makarnayı ekleyin. İyice karıştırın. Makarna al dente, yumuşak ama ısırmaya dayanıklı hale gelinceye kadar sık sık karıştırarak yüksek ateşte pişirin. Pişirme suyunun bir kısmını ayırın. Makarnayı boşaltın.

4. Kalemi tavaya aktarın ve yüksek ateşte iyice karıştırın. Makarna kuru görünüyorsa biraz pişirme suyu ekleyin. Derhal servis yapın.

Ricotta ve domates soslu Rigatoni

Ricotta ve Pomodoro Soslu Rigatoni

4 ila 6 porsiyon yapar

Bu, oldukça dayanılmaz olan, eski moda bir Güney İtalya makarna servisi yöntemidir. Bazı aşçılar makarnayı sadece domates sosuyla süslemeyi, ardından ricotta'yı ayrı ayrı karıştırmayı severken, diğerleri servis yapmadan önce hepsini karıştırmayı tercih eder. Seçim size kalmış.

2 1/2 su bardağı domates sosu

1 pound rigatoni, deniz tarağı veya cavatelli

Sal

1 bardak tam veya yarım yağlı ricotta, oda sıcaklığında

Tadına göre taze rendelenmiş Roman pecorino veya Parmigiano-Reggiano

1. Gerekirse sosu hazırlayın. Geniş bir tencerede en az 4 litre suyu kaynatın. 2 yemek kaşığı tuzu, ardından makarnayı ekleyin. İyice karıştırın. Makarna al dente, yumuşak ama ısırmaya dayanıklı hale gelinceye kadar sık sık karıştırarak yüksek ateşte pişirin.

2. Makarna pişerken gerekirse sosu kaynatın.

3. Sıcak servis yapmak için bir kaseye biraz acı sos dökün. Makarnayı süzüp kaseye koyun. Tadına daha fazla sos ekleyerek hemen atın. Ricottayı ekleyin ve iyice karıştırın. Rendelenmiş peyniri ayrı ayrı geçirin. Derhal servis yapın.

Kiraz domatesli ve ekmek kırıntılı küçük kuşlar

Pomodorini ve Briciole ile Farfalle

4 ila 6 porsiyon yapar

Bu makarna şu anda İtalya'da çok moda. Üzerine biraz sızma zeytinyağı gezdirerek servis yapın.

6 yemek kaşığı zeytinyağı

1 pound kiraz veya üzüm domates, uzunlamasına ikiye kesilmiş

1/2 su bardağı kuru ekmek kırıntısı

1 1/4 bardak taze rendelenmiş Roman Pecorino

2 yemek kaşığı kıyılmış taze maydanoz

Tuz ve taze çekilmiş karabiber

1 pound farfalle

Sızma zeytinyağı

1. Fırının ortasına bir raf yerleştirin. Fırını önceden 350°F'ye ısıtın. 13×9×2 inçlik bir pişirme kabına 4 yemek kaşığı yağ dökün. Domatesleri kesilmiş tarafı yukarı gelecek şekilde tavaya yayın.

2. Küçük bir kapta galeta unu, peynir, maydanoz, kalan 2 yemek kaşığı zeytinyağı ve damak tadınıza göre tuz ve karabiberi birleştirin. Kırıntıları domateslerin üzerine dağıtın. 30 dakika veya domatesler yumuşayana ve fındıklar hafifçe kızarıncaya kadar pişirin.

3. Geniş bir tencerede en az 4 litre suyu kaynatın. 2 yemek kaşığı tuzu, ardından makarnayı ekleyin. İyice karıştırın. Yüksek ateşte, sık sık karıştırarak, makarnalar yumuşayıncaya kadar fakat hafifçe pişene kadar pişirin. Makarnayı süzün ve domates ve çiseleyen sızma zeytinyağıyla birlikte tavaya atın. Derhal servis yapın.

Haşlanmış istiridye

Conchiglie Ripiene

6 ila 8 porsiyon yapar

Devasa makarna kabukları, domates sosu denizinde yüzen gemilere benziyor. Zengin dolgusu nedeniyle bu tariften 6 ila 8 porsiyon çıkıyor. Bu kabuklar bir parti için çok güzel.

Yaklaşık 4 bardak en sevdiğiniz domates sosu veya yahni,

Sal

1 paket (12 ons) dev istiridye

2 pound tam veya yarı yağsız ricotta

8 ons taze mozzarella, kıyılmış

1 bardak taze rendelenmiş Parmigiano-Reggiano

2 yemek kaşığı kıyılmış taze maydanoz

1 yumurta, hafifçe çırpılmış

Taze çekilmiş karabiber

1. Gerekirse sosu hazırlayın. Geniş bir tencerede en az 4 litre suyu kaynatın. 2 yemek kaşığı tuzu, ardından makarnayı ekleyin. İyice karıştırın. Makarna yarı pişene, esnek ama yine de çok sert olana kadar sık sık karıştırarak yüksek ateşte pişirin. Makarnayı süzün ve büyük bir soğuk su kabına koyun.

2. Ricotta, mozzarella peyniri, 1/2 bardak parmesan, maydanoz, yumurta ve tuz ve karabiberi karıştırın.

3. Fırının ortasına bir raf yerleştirin. Fırını önceden 350°F'ye ısıtın. Kabukları tek bir katmanda tutacak kadar büyük bir fırın tepsisine ince bir tabaka sos dökün. Makarna kabuklarını iyice süzüp kurulayın. Kabukları peynirli karışımla doldurup yan yana tabağa dizin. Kalan sosu dökün. Kalan 1/2 bardak peyniri serpin.

4. Kabukları 25 ila 30 dakika kadar veya sos köpürene ve kabuklar sıcak olana kadar pişirin.

Nohutlu makarna

Makarna ve Ceci

4 porsiyon yapar

Biraz sızma zeytinyağı, nohutlu makarnaya mükemmel bir son dokunuştur. Baharatlı istiyorsanız, bazılarını deneyin<u>kutsal yağ</u>.

2 yemek kaşığı zeytinyağı

2 ons kalın dilimlenmiş pastırma, ince doğranmış

1 orta boy soğan, doğranmış

1 pound domates, soyulmuş, çekirdekleri çıkarılmış ve doğranmış

1 yemek kaşığı kıyılmış taze adaçayı

Bir tutam ezilmiş kırmızı biber

Sal

2 su bardağı süzülmüş pişmiş veya konserve nohut

Dirsek veya yüksük gibi 8 ons küçük makarna

Sızma zeytinyağı

1. Yağı büyük bir tencereye dökün. Pastırmayı ve soğanı ekleyin ve ara sıra karıştırarak orta ateşte yaklaşık 10 dakika veya yumuşayıp altın rengi kahverengi olana kadar pişirin.

2. Tatlandırmak için domatesleri, 1/2 bardak suyu, adaçayı, kırmızı biberi ve tuzu ekleyin. Kaynamaya bırakın ve 15 dakika pişirin. Nohutları ekleyip 10 dakika daha pişirin.

3. Büyük bir tencerede yaklaşık 4 litre suyu kaynatın. 2 yemek kaşığı tuzu ve ardından makarnayı ekleyin. İyice karıştırın. Makarna yumuşayıncaya kadar fakat ısırılacak kadar sert oluncaya kadar sık sık karıştırarak pişirin. Pişirme suyunun bir kısmını ayırın. Makarnayı boşaltın.

4. Makarnayı sosla birlikte tavaya ekleyin. İyice karıştırın ve gerekirse biraz pişirme suyu ekleyerek pişirin. Derhal servis yapın.

Rigatoni Rigoletto

Rigoletto makarna

6 porsiyon yapar

Bu makarna, adını Verdi'nin muhteşem operasının trajik kahramanı Rigoletto'dan almıştır. Hikaye, bu makarnanın çok iyi tanındığı Mantua'da geçiyor.

2 ila 3 İtalyan usulü domuz sosisi (yaklaşık 12 ons)

2 yemek kaşığı zeytinyağı

1 orta boy soğan, ince doğranmış

2 diş ince doğranmış sarımsak

4 yemek kaşığı domates salçası

2 bardak su

2 su bardağı pişmiş kurutulmuş kızılcık veya cannellini fasulyesi, hafifçe süzülmüş

Tuz ve taze çekilmiş karabiber

1 pound rigatoni

1 yemek kaşığı tuzsuz tereyağı

1 1/4 su bardağı ince kıyılmış taze fesleğen

1/2 bardak taze rendelenmiş Parmigiano-Reggiano

1. Sosislerin iç kısımlarını çıkarın ve eti ince ince doğrayın.

2. Tüm malzemeleri alacak kadar büyük bir tencereye yağı dökün. Soğanı, sosisi ve sarımsağı ekleyin. Orta ateşte, sık sık karıştırarak, soğanlar yumuşayana ve sosisler hafifçe kızarana kadar yaklaşık 15 dakika pişirin.

3. Domates salçasını ve suyu ekleyin. Kaynamaya bırakın ve 20 dakika veya hafifçe koyulaşana kadar pişirin.

4. Fasulyeleri, tuz ve karabiberi damak tadınıza göre ekleyin. Sosu kremsi hale getirmek için fasulyelerin bir kısmını kaşığın arkasıyla ezerek 10 dakika pişirin.

5. Geniş bir tencerede en az 4 litre suyu kaynatın. 2 yemek kaşığı tuzu, ardından makarnayı ekleyin. İyice karıştırın. Makarna al dente, yumuşak ama ısırmaya dayanıklı hale gelinceye kadar sık sık karıştırarak yüksek ateşte pişirin. Pişirme suyunun bir kısmını ayırın. Makarnayı boşaltın.

6.Makarnayı sosla birlikte tavaya ekleyin, karıştırın ve 1 dakika pişirin, gerekirse biraz su ilave edin. Tereyağı ve fesleğen ekleyin. Peyniri ekleyip tekrar karıştırın. Derhal servis yapın.

www.ingramcontent.com/pod-product-compliance
Lightning Source LLC
Chambersburg PA
CBHW071906110526
44591CB00011B/1567